事例でわかる

ケアマネジャーの
トラブル対応の手引

編集　一般社団法人　神奈川県介護支援専門員協会

新日本法規

は し が き

　この度は、本書を手に取ってくださり、ありがとうございます。きっと、この本をご覧になっているということは、何かしらの困りごとをお持ちのケアマネジャーではないかと思います。2000年4月に介護保険制度が開始されて以来、度重なる制度改正があっても、私たちケアマネジャーは制度の「要」として常に利用者・家族へ寄り添ってきました。その関わりの中で、喜びを感じるときもあれば、上手くいかずに辛い思いをされた方も多いと思います。中には、その辛さに耐えきれずバーンアウトされた方もいるでしょう。

　本書は、日々悩みながら、奔走しているケアマネジャーに向けて「こういった場合は、どうしたらよいのだろう」「誰に相談したらよいのだろう」と思ったときに、少しでも役立てていただけたらと思い作成いたしました。本書に書かれているアドバイスが、すべて正解とは言えないかもしれません。時の流れとともに、各種の制度も変わっていきます。介護保険制度だけではなく、各種の制度にも目を向けていく必要があります。また、最近の傾向として、利用者のもつ生活課題は、家族の課題を含め、複雑で多問題を抱えているケースが増えています。国は、「地域共生社会」を掲げ、ますますケアマネジャーの幅広い活動が求められるようになっています。そのような社会情勢の中で、ケアマネジャーは、決して一人で悩まず、抱え込まず、事業所やケアチーム、地域行政等の協力者と一緒になってより良い解決策を検討していただきたいと思っています。それが個々のケースにとって、最善の解決策であり、ケアマネジャーが孤立しないことにつながることになるのではないでしょうか。ケアマネジャーの皆さまが、トラブルに負けず、日々の業務を楽しく、やりがいを持って続けられることを執筆者代表として願っています。

最後に、本書の作成にあたり、一部の事例に対して法的観点からアドバイスをしていただいた千木良正弁護士、アンケートにご協力いただいた神奈川県内のケアマネジャーの皆さま、並びに新日本法規出版株式会社の担当者の皆さまに深く感謝申し上げます。

　2019年9月

　　　　　　一般社団法人　神奈川県介護支援専門員協会
　　　　　　　　　　理事長　青地　千晴

編集・執筆者一覧

＜編　集＞
一般社団法人　神奈川県介護支援専門員協会

＜編集委員＞（五十音順）

青地　千晴	漆間　伸之
石田　貢一	松川　竜也
石橋　正道	山本　玲子

＜執筆者＞（五十音順）

青地　千晴	玉井　秀直
石田　貢一	中馬　三和子
石橋　正道	松川　竜也
漆間　伸之	三枝　公一
加藤　由紀子	三上　直樹
川上　武志	山﨑　正之
小森谷　陽子	山本　玲子
諏訪部　弘之	

＜編集協力＞
千木良　正

略　語　表

＜法令の表記＞

　根拠となる法令の略記例及び略語は次のとおりです（〔　〕は本文中の略語を示します。）。

　　介護保険法第7条第3項第1号 ＝ 介保7③一

介保	介護保険法	障害支援〔障害者総合支援法〕	障害者の日常生活及び社会生活を総合的に支援するための法律
介保規	介護保険法施行規則		
〔介護老人福祉施設運営基準〕	指定介護老人福祉施設の人員、設備及び運営に関する基準	精神福祉	精神保健及び精神障害者福祉に関する法律
		生保	生活保護法
感染症	感染症の予防及び感染症の患者に対する医療に関する法律	地域密着型サービス事業運営基準	指定地域密着型サービスの事業の人員、設備及び運営に関する基準
居宅介護支援事業運営基準〔居宅介護支援事業運営基準〕	指定居宅介護支援等の事業の人員及び運営に関する基準	知的障害	知的障害者福祉法
		特定商取引	特定商取引に関する法律
		破産	破産法
居宅サービス事業運営基準〔居宅サービス事業運営基準〕	指定居宅サービス等の事業の人員、設備及び運営に関する基準	民	民法
		民委	民生委員法
		民訴	民事訴訟法
		労組	労働組合法
高齢虐待	高齢者虐待の防止、高齢者の養護者に対する支援等に関する法律	労災	労働者災害補償保険法
		老福	老人福祉法
個人情報〔個人情報保護法〕	個人情報の保護に関する法律		

＜通知の表記＞

　根拠となる通知の略記例は次のとおりです。

　平成30年4月27日医政医発0427第2号
　＝平30・4・27医政医発0427第2

＜判例の表記＞

　根拠となる判例の略記例及び出典の略称は次のとおりです。

　最高裁判所平成28年3月1日判決、判例時報2299号32頁
　＝最判平28・3・1判時2299・32

判時　　　判例時報

目　　次

ページ

はじめに ……………………………………………………… 3

第1章　利用者とのトラブル

1　要介護認定の更新手続を忘れ、自費が発生し、損害賠償
　を請求された…………………………………………………11

2　お金を渡したと譲らず、結局事業所が負担した………………14

3　退院時看護サマリーの内容が間違っているので破棄して
　ほしいと言われた……………………………………………18

4　ヘルパーに対するセクハラや暴言があり、対応できる事
　業所がなくなってきている…………………………………21

5　病気や薬に対するこだわりが強く自己判断で薬の調整を
　してしまう……………………………………………………25

6　モニタリングのための居宅訪問が利用者の都合でできな
　い………………………………………………………………28

7　借金があるために、施設入所ができない一人暮らしで寝
　たきりの利用者がいる………………………………………31

8　生命の危機があるにもかかわらず、利用者が入所を拒否
　している………………………………………………………33

9　嗜好品の買物の依頼を断ってからケアに入れなくなった………36

10　小規模多機能型居宅サービスだからと、すぐに来てほし
　いと言われる…………………………………………………39

11　精神疾患のある利用者との意思疎通が取りにくい……………43

12　身寄りのない認知症の利用者について支援の協力が得ら
　れない…………………………………………………………47

2　目　次

13　利用者の思い込みにより関係が悪化し、支援を受け入れ
　　てくれないが、担当変更は拒否された………………………………51

14　利用者と家族が虚偽の情報をケアマネジャーや認定調査
　　員に伝えてくる……………………………………………………………54

第2章　家族や親族、近隣住民等とのトラブル

15　主に介護に当たる家族が認知症で、必要な支援が導入で
　　きない………………………………………………………………………59

16　利用者と家族介護者の意見に相違があり、板挟みになっ
　　てしまった…………………………………………………………………63

17　同居して面倒を見ている家族と相談して決めた計画に、
　　他の親族が口を挟んできた……………………………………………67

18　精神疾患を抱える家族の意向を捉えきれない……………………70

19　息子からヘルパーへのセクハラのため、入ってくれる事
　　業所がなくなっている……………………………………………………73

20　海外在住の家族が帰国時に大量の苦情・要望を主張し、
　　そのまま帰国してしまう…………………………………………………78

21　利用者のお金を管理している家族が、介護サービス利用
　　料を支払ってくれない……………………………………………………82

22　認知症が進行していることについて、近隣住民が心配し、
　　自宅生活の継続が困難になった………………………………………87

23　隣人が緊急連絡先を引き受けてくれていたのに、撤回さ
　　れてしまった………………………………………………………………92

24　近隣住民や利用者の友人・知人から利用者の個人情報の
　　開示を求められた…………………………………………………………95

25　訪問時の駐車に関して地域住民から苦情が出た…………………99

26　自宅で看取る方針で支援していたが、家族の留守中の急
　　変に隣人が救急車を呼んでしまった………………………………102

27　家族から、行方不明になった利用者の捜索を依頼された……106

目　次　　3

28　金銭的理由から、ケアマネジャーによる直接的な支援を
　　依頼された………………………………………………………110

第3章　職場でのトラブル

29　経営者から併設するサービス提供事業所の利用を強要さ
　　れる……………………………………………………………117

30　業務改善の提案をしたが受け入れてもらえない……………122

31　経営者によるハラスメントを受けて退職に追い込まれた……127

32　利用者からの苦情を同僚に伝えたが、受け止めてもらえ
　　なかった………………………………………………………132

33　訪問先の犬に咬まれてケガを負ったが、事業所として対
　　応してもらえなかった………………………………………136

34　業務が多忙になり、時間外勤務を要求したが認められず、
　　自宅に仕事を持ち帰っている………………………………140

第4章　サービス提供事業者等とのトラブル

35　サービスの利用状況とサービス提供事業所からの実績報
　　告に違いがある………………………………………………147

36　利用者の家族とサービス提供事業所との直接の相談で、
　　福祉用具を導入された………………………………………152

37　サービス内容が変わらないにもかかわらず、サービス提
　　供事業所が提供時間を長く要求してきた…………………157

38　通所介護の迎えの時に応答がなく、後で利用者が亡くな
　　っていることを確認した……………………………………161

39　サービス提供事業所が過剰な介助やケアプランに沿わな
　　いサービス提供をしている…………………………………165

40 サービス提供事業所の職員が、ケアマネジャーとサービ
ス提供事業所の変更を勧誘する……………………………………… 169

41 生活保護受給者と分からずに給付管理を行ってしまった…… 172

42 利用者情報が不十分であり、実際の状況からサービス提
供できないと、利用を断られた……………………………………… 176

43 虐待が懸念されるが、ADLの改善に伴い退所せざるを得
ない……………………………………………………………………………… 180

44 サービス提供事業者が急に閉鎖することになった…………… 184

45 利用者の苦情をサービス提供事業者が苦情として認めな
い…………………………………………………………………………………… 187

46 身元引受人がいないことにより、施設から入所を断られ
た…………………………………………………………………………………… 191

第5章 医師、その他の専門職、行政等関係機関とのトラブル

47 主治医の見解と利用者の意向にズレがある……………………… 197

48 保険者が状態に応じた柔軟な対応をしてくれない…………… 200

49 警察から認知症の利用者に対する心ない要請を受けた……… 204

50 病院から一人暮らしの利用者の入院時に医療同意等を求
められる………………………………………………………………………… 207

51 障害者の介護保険サービス開始につき、障害者総合支援
法における相談支援専門員の協力が得られない………………… 211

52 後見人がサービスに対する細かい申出をしてくる…………… 215

53 生活保護のケースワーカーが非協力的で、相談に乗って
くれない………………………………………………………………………… 219

54 医療の専門職の見解が分かれている……………………………… 222

55 退院前カンファレンスで医師が事前に知らせていた質問
以外には回答をしてくれない……………………………………………… 224

目　　次　　5

56　医療機関のスタッフが非協力的で連携がとれない…………227

57　医療機関が利用者に何も説明せず、ケアマネジャーに全
て丸投げをしてくる……………………………………………230

58　訪問医が専門領域外の疾患に対応してくれない……………233

59　介護サービスを導入したことで、民生委員の関わりが途
絶えてしまった…………………………………………………236

60　ケアマネジャーが知らないまま居宅療養管理指導が算定
されていた………………………………………………………239

61　書類における日付の在り方について、保険者とトラブル
になってしまった………………………………………………242

第6章　その他のトラブル

62　部屋が狭いので、集合住宅等にある共用部分に車いすを
置こうとしたら、認めてもらえなかった……………………247

63　インターネット環境等の不具合によって業務ができなか
った………………………………………………………………251

64　契約書の内容や在り方について、家族が納得せず、契約
が進まない………………………………………………………256

65　身元引受人の要望と他の親族との意向が異なり、話が進
まない……………………………………………………………261

66　担当している利用者が亡くなった後に家財整理等を成年
後見人にお願いしたら断られた………………………………266

67　亡くなった後に家族から相続で必要だからと担当してい
た時の書類提出や裁判への協力を求められた………………269

68　内縁関係という理由により、入院時等の書類手続が進ま
ない………………………………………………………………274

69　傷害事件を起こして留置所にいる一人暮らしの利用者へ
の対応を、警察から求められた………………………………277

はじめに

2

はじめに　　　3

　ケアマネジャーは、介護保険における中心的な役割を担い、制度施行以来、利用者本人・家族はもちろんのこと、サービス提供事業者、医療機関、インフォーマルサポートなど、ありとあらゆる「つながり」の中で日々の業務を行っています。

　しかし、それは時に様々な問題を生み、トラブルとなって、深刻な事態に発展することが多々あります。

　そこで、本書は、ケアマネジャーが日頃の業務を行っていく上で遭遇する簡易なトラブルから法律に関係する深刻なトラブルまで69の事例を集め、以下の六つの章に分類し、解決を図るための対処方法などをまとめました。

　さらに、ケアマネジャーのみならず介護保険のサービス提供事業所で働く方に共通する事例も数多くありますので、様々な方面で活躍する皆様のお役に立つものとなっています。

第1章　利用者とのトラブル

　ケアマネジャーが遭遇するトラブルとして一番多いのが利用者とのトラブルではないでしょうか。この章では主に、ケアマネジメントに関すること、要介護認定に関すること、サービス利用に関すること、施設入所に関すること、また、認知症や精神疾患の利用者に関することなど、多方面にわたって起こったトラブルを集めました。

　中には、ソフトの入力を誤り、認定有効期間が過ぎてしまい、10割負担となってしまったため損害賠償を請求された事例、ヘルパーに対する暴言やハラスメントによってサービス提供が困難になった事例など、他の章でも出てくるお金やハラスメントに関するトラブルで、利用者に起因したものがいくつかあります。

　どの事例も身近に起こり得るもので、もしかしたら一度は経験したトラブルかもしれません。

利用者本位を貫くには、利用者に寄り添ったケアマネジメントが必要です。そのためにどのようにして問題を解決し、良好な関係を再構築していったかなど、最前線で活躍するベテランケアマネジャーの実践からどのように解決を図ったかを参考にしてください。

第２章　家族や親族、近隣住民等とのトラブル

この章も身近なトラブルとして多いものです。特に家族とのトラブルは、利用者の思いと家族の思いが相違することにより発生するものが多く、その原因は多岐にわたりますが、利用者本位といいつつも懸命に介護を行う家族の意向を無視することはできず、間に立って苦悩するという経験は一度や二度はあると思います。

また金銭管理に関するトラブルも多く、特に支払が滞り、サービス利用ができなくなったが、制度を利用することや相談窓口を効果的に活用することで解決が図られた事例をいくつか取り上げています。ケアマネジャーは介護保険の知識のみならず、様々な制度サービスに精通する必要があります。

さらに近隣住民とのトラブルでは、希薄な人間関係とは逆に、インフォーマルサポートとして濃密に機能していたものが、あることをきっかけにトラブルに転換していく非常に複雑な事例まで様々あります。

キーパーソンとして欠かすことのできない家族と少しでも良好な関係を築くためのヒントを見つけてください。

第３章　職場でのトラブル

職場環境に関するトラブルは、ケアマネジャーが勤務する居宅介護支援事業所や施設のみならず、様々な職場において起こるもので、ハラスメントやコミュニケーション、苦情対応、労働者救済など、労働者側の多くが遭遇する事例を提示しました。これらの問題は、様々な

はじめに   5

相互関連により複雑化しますが、逆に一つの事柄を解決することで、ほかの問題が解決するということもあります。特に労働者の救済に関しては、解決するための法律や取り扱う行政機関等、すぐに活用できる情報を盛り込みました。

　良好な職場環境があってこそ、利用者のための良好なケアマネジメントが実践できます。

　この章をお読みいただき、良好な職場環境を作るためのヒントを見つけてください。

第4章　サービス提供事業者等とのトラブル

　この章も常日頃からケアマネジャーが抱える悩みとして多いものではないでしょうか。

　ケアマネジャーをオーケストラに例えるとコンダクター（指揮者）であり、音を奏でるのがサービス提供事業者をはじめとする様々な社会資源です。素晴らしい演奏をするには、楽器を上手に演奏するスキルはもちろんですが、一つ一つの楽器を調和させるコンダクターの役割が重要となり、その役を担うケアマネジャーは正にその調整力が求められるわけです。

　この章では、給付管理に関すること、居宅サービス計画（ケアプラン）とは異なるサービスが導入されたこと、サービス提供を断られたこと、虐待や利用者の死亡などの深刻なことまで数々の事例を挙げています。

　ケアマネジャーがケアプランに基づくサービスを円滑に実施していくためには、サービス提供事業所との良好な関係を構築することが必要です。

　また、法令を遵守すること、契約を正しく履行することなど、利用者を支えるために、ケアマネジャーは、サービス提供事業所と共に取

り組まなければなりません。チームケアを進めるため、是非参考にしていただき、良き音を奏でてください。

第5章　医師、その他の専門職、行政等関係機関とのトラブル

　医療連携、他職種協働など介護保険の理念を遂行するためには、医師をはじめとする専門職との連携は欠かすことはできません。しかし、そこには多忙な医師とのコミュニケーションを取ることが困難であったり、他の専門職との関係構築が難しかったりと、最も頭を悩ませる事柄があり、これらを事例として掲げました。

　また、ケアプラン作成に関しては、医療機関から依頼されることが多くある一方で、医療機関側が医療と福祉を適切につなぐという意識が薄く、多くの課題を抱えたまま在宅生活を強いられるケースも多くあり、ケアマネジャーは悪戦苦闘するのではないでしょうか。

　さらに、行政（保険者や関係機関）との関係も時に大きなトラブルを呼び、円滑な業務遂行の妨げとなる場合もあります。

　ケアマネジャーは、当然のことながら一人で業務を行うことはできません。お互いに足りない知識や技術を補いながら、利用者本位のサービス提供ができるよう、様々な角度からの連携を考える章となっています。

第6章　その他のトラブル

　最後のこの章は、上記の章のどこにも該当しない、主に民法など生活上必要不可欠な法律に基づき解決を図る必要がある、非常に難しい事例を集めました。

　例えば、必ず取り交わす契約書や重要事項の説明において、記載された内容に納得がいかず、契約が締結できなかった事例を取り上げています。普段事務的に行われている契約行為をその根拠や意義を再度

理解して、同じようなトラブルに遭遇した際に知っておくべき知識と
信頼関係を構築するための取組にも触れています。

　他にもこの章では、本来契約終結とされる利用者の死亡の後に起こ
る様々な問題などについても、法律に裏打ちされた解決すべきポイン
トなどを分かりやすく解説しています。

　身近で起こり得る深刻なトラブルを回避するための参考にしてくだ
さい。

　このように本書は、実際に起きた数々のトラブル事例を取り上げ、
様々な角度から対応のポイント、解説、アドバイスを加えました。

　過去の自身の事例を振り返るときの参考に、またこれから起こり得
る可能性を鑑みたリスクマネジメントのためにご活用ください。

第 1 章

利用者とのトラブル

10

第1章　利用者とのトラブル　　　11

1　要介護認定の更新手続を忘れ、自費が発生し、損害賠償を請求された

　ケアマネジャーが、請求ソフトに誤った認定期間を入力していたため、要介護認定の更新手続が遅れてしまいました。介護保険が適用できない期間が発生し、認定の有効期間が切れた状態で、サービス利用を継続利用していたため、認定期間外のサービス利用については、サービス提供事業所が自費（10割負担分）で利用者に請求することになってしまいました。利用者からケアマネジャーの責任だとして、賠償請求をされてしまったのですが、支払う義務はあるのでしょうか。

対応のポイント

①　まずは、請求ソフトに認定の有効期間を間違えないように、被保険者証により要介護認定の有無や有効期間を確認し、慎重に入力することが大原則です。

②　要介護認定の更新手続は、原則として60日前から満了の日までの間に市町村に対し行うことができます。認定の有効期限が途切れないように、速やかな申請の援助が必要です。

③　ケアマネジャーは、運営基準において要介護認定の申請や更新申請の援助を行うことになっています。

④　居宅介護支援事業所側に過失があり、損害との間に因果関係が認められる場合には、損害賠償義務が認められます。

解　説

1　認定の有効期間とその入力

　居宅介護支援事業運営基準7条では、利用者の受給資格などの確認として、被保険者証により、要介護認定の有無や有効期間を確認の上、介護認定審査会の意見があるときには、それに配慮して利用者にサービスを提供する（介保37）ことになっています。また、要介護認定の有効期間だけでなく、その他の基本情報（生年月日など）も、入力のミスは、返戻となり各事業所にも迷惑が掛かります。注意深く入力作業を行い、できるだけ、複数の目で確認するように事業所内でも業務体制を作ることをお勧めします。また、認定の有効期間も6か月〜36か月と幅があり、平成の年号も31年で終わりましたので、今後の年数の入力にも注意が必要です。ソフトによっては、認定の有効期間が近づくと、色が変わって合図をしてくれるものもありますので、活用されるとよいでしょう。

2　要介護認定の更新手続

　要介護認定を受けた被保険者は、有効期間満了後も要介護状態が続くと見込まれるときは、原則として有効期間満了の60日前から満了の日までの間に、市町村に対し要介護更新認定の申請を行うことができます（介保28②、介保規39）。この更新認定の効力は、更新前の認定の有効期間満了日の翌日から生じます（介保28⑩）。更新認定の結果によって、要介護状態から、要支援又は自立になる場合もありますので、切れ目なくサービスを円滑に利用するためには、満了前に更新認定の結果が分かり、居宅サービス計画書の原案を作成し、サービス担当者会議を開催し、プランの合意形成が行われ確定し実行されなければなりません。

第1章 利用者とのトラブル　　13

3　認定の更新時におけるケアマネジャーの役割

　居宅介護支援事業運営基準8条3項では、「指定居宅介護支援事業者は、要介護認定の更新の申請が遅くとも当該利用者が受けている要介護認定の有効期間の満了日の30日前には行われるよう、必要な援助を行わなければならない」とあります。この期間内に速やかな更新の手続ができるように、スケジュール管理が必要です。

4　損害賠償責任

　民法上、居宅介護支援事業所に過失があり、損害との間に因果関係が認められるのであれば、事業所には損害賠償義務があることになります。

　この事例で事業所側に過失があるかどうか、要介護認定の更新手続が遅れてしまった経過などについて詳細に確認し、損害賠償義務があるのか否か検討する必要があります。判断が難しい場合には、弁護士に相談をした方がよいかもしれません。

アドバイス

　民事裁判等に発展した場合は、損害賠償の費用だけでなく更に裁判費用もかかりますので、事前に民間企業の提供する損害賠償責任保険に加入しておくことをお勧めします。

14 第1章 利用者とのトラブル

2 お金を渡したと譲らず、結局事業所が負担した

認知症の疑いがある一人暮らしの利用者へ、訪問介護のサービスを提供しています。今までにも、度々「お金を盗られた」との訴えがあり、最終的に「訪問介護員が受け取っていないのに、利用者が1万円渡したと言って譲らず、話し合っても平行線で結局事業所が1万円を支払った。」と訪問介護事業所から報告がありました。真相を確認する術がありませんが、このような場合は、ケアマネジャーとしてどのように対応すればよいのでしょうか。

対応のポイント

① 一人暮らしの利用者であっても、家族がいる場合は連絡を取り、認知症の診断や財産管理などの相談をしましょう。

② 身寄りがない場合は、主治医に相談し、まずは専門医の受診を試み、認知症かどうかの診断を仰ぎ、適切な治療等の対応をしましょう。

③ その上で、今後の財産管理について、地域包括支援センターの社会福祉士とも連携を取り、権利擁護について相談しましょう。

④ 事業所への対応として、今後は事後報告ではなく、支払う前に事前に相談してもらい、一緒に取り組んでいけるように連携を取りましょう。

⑤ 日頃の訪問介護サービスにおいて、買物などのお金のやり取りに関しては、出納帳を作成するなどして、預かったお金と使

第1章　利用者とのトラブル　　15

ったお金をレシートも貼って可視化し、曖昧にならないように
対応しましょう。

解　説

1　キーパーソンの確認

　一人暮らしの利用者であっても、キーパーソンとなってくれる家族
がいる場合は、早急に連絡を取る必要があります。認知症の症状の疑
いがあるので、専門医を受診し診断を仰ぎ、対応することが必要なこ
とや、お金のトラブルが起こっている現状を伝え、今後の管理方法に
ついて、よく相談していきましょう。その際に、家族が高齢や遠方と
いう理由で対応ができない場合もあるので、どのような支援方法があ
るのかを、提案できるようにすることと、家族がどこまで関われるの
か、役割分担もきちんと確認しておきましょう。

2　専門医の受診

　全く身寄りがない場合でも、主治医若しくはかかりつけ医等に相談
し、専門医の受診の相談をしていきましょう。適切な診断と治療（内
服や関わり方の指導など）で、物盗られ妄想の症状の軽減ができる可
能性もあります。利用者が専門医の診察を受けない場合もあると思い
ますが、このようなケースに、往診をしてくれる医師や保健所への相
談など、地域の中の医療情報も、日頃から確認しておきましょう。

3　財産管理について

　身寄りのない方の財産管理については、認知症の症状や判断能力に
応じて、以下の制度の中からその方に合った方法を選択し、活用して

いきましょう。また、その際に、地域包括支援センターには、社会福祉士がいますので、財産管理についてどのような支援が適切か相談するのもよいでしょう。

① 日常生活自立支援事業

認知症など、日常生活に支障のある方に対し、主に市区町村の社会福祉協議会が実務を担っているもので、費用は比較的低額で利用できます。

② 法定後見制度

法律によって行われる財産管理として、「後見」「保佐」「補助」があり、判断能力によって選択されます。高額な預貯金や不動産の管理だけではなく、介護や施設の契約・医療の契約の締結を行うことができます。

③ 任意後見制度

利用者本人が、判断能力のあるうちに、自分の判断能力が不十分になった際のために、あらかじめ「任意後見人」を選任し「任意後見契約」を締結しておくことで、自ら後見人を決めておくことができるものです。

4 支援チームでの連携

訪問介護サービスを提供している事業所だけが、利用者と話合いをしても、今後も同様なことが起こる可能性が高く、根本的な解決にはなりません。サービス提供事業者だけで判断や解決をしないように、訪問介護事業所以外のサービスやインフォーマルサービスも含めて、ケアチーム全体で共有し、解決策に一緒に取り組む必要があります。前述したように、地域包括支援センターとも一緒に解決策について話し合い、地域資源を活用していきます。

第1章　利用者とのトラブル　　　17

5　具体的な金銭のやり取りについて

　お金のやり取りで、「払った」「払わない」など、後々問題にならないように、買物の支援などの際に、金銭の授受に対しては、あらかじめどのようにお金を扱うのかルールを決めておき、明確に分かるよう専用のノートなどに記録を付けておく対策が必要です。お金を受けとったら、その都度利用者に確認の署名をしてもらうなど、手間はかかるかもしれませんが、証拠になります。また、サービス担当者会議などで、お金の管理に関する役割分担や利用者との合意形成（記録、署名、捺印で確認）をしておくとよいでしょう。

18　　　　　　第1章　利用者とのトラブル

3　退院時看護サマリーの内容が間違っているので破棄してほしいと言われた

　退院時に病院から受け取った看護サマリーの内容を、利用者本人に知りたいと言われ教えたところ、「生活状況のサマリーの記載内容が違う。病院側に正しい内容を書き直すように伝えてほしい。それができないなら破棄して書類保存しないでほしい。」と言われてしまいました。

　サマリーの内容は、教えない方がよかったのでしょうか。

対応のポイント

① 　退院時に病院から渡される様々な書類について、取扱方法を把握しておきましょう。

② 　基本的に看護サマリーは、在宅の訪問看護ステーションや通所先や短期入所等の施設にいる看護師宛ての情報提供の要約記録なので、ケアマネジャーがもらって見るものではありません。

解　説

1　退院時に病院が作成する書類について

　退院時には、医師が作成する「診療情報提供書」、看護師が作成する「看護サマリー」、リハビリテーションスタッフが作成する「リハビリサマリー」、管理栄養士が作成する「栄養サマリー」等様々な書類があります。このほかにも、薬剤師から、薬に関する情報提供があること

第1章　利用者とのトラブル　　19

もあります。それぞれの書類は、入院中の患者の情報を提供すること
で、在宅や施設に移っても、継続して支援が受けられるように専門職
同士の情報提供の記録になっています。

2　看護サマリーとは

「看護サマリー」とは、

① 　看護が必要な人の、入院中の経過や情報等を、簡単に要約したも
のです。必要に応じて作成されるので、入院したからといって、全
ての患者に「看護サマリー」が作成されるものではありません。

② 　病院や施設を変わる時や、退院し、在宅介護へ移行する時にケア
の継続が保証されるように作成されます。

　「看護サマリー」を受けとった側は、記述されているケアの方針を
できるだけ尊重し、患者の現在の状態を併せて観察して、看護計画を
立案し、在宅へ移行しても一貫性・継続性が保てるように活用されて
いくものです。

3　看護サマリーの取扱いについて

　「看護サマリー」は、「看護記録」の中の一つで、「看護記録」は、
「診療記録」の取扱いになります。医療事故の裁判などで、カルテを
開示することは聞いたことがあると思いますが、原則的に、カルテや
検査記録などは、患者が申請すれば、開示できることになっています
（個人情報28）（患者が亡くなっている場合は、法定相続人が申請でき
ます。）。ただし、開示の手続は、記録を作成した病院に対して、患者
本人（亡くなっている場合は、法定相続人）が直接申請の手続をして
開示してもらわなければなりません。この事例は、ケアマネジャーが
独自の判断で「看護サマリー」の内容を伝えたのであれば、手順が違

っています。ケアマネジャーから情報提供するのではなく、「看護サマリー」を作成した病院に、利用者から直接申請して開示してもらうべきでした。そうすれば、内容が違っていれば、修正してもらえたでしょうし、利用者から「破棄してほしい」と言われて、ケアマネジャーが悩むこともなかったことでしょう。「看護サマリー」だけではなく、これらの書類の取扱いについては十分な配慮が必要です。

第1章　利用者とのトラブル　　21

4　ヘルパーに対するセクハラや暴言があり、対応できる事業所がなくなってきている

　一人暮らしの男性利用者で、ここ数年はADLの低下が見られ、外出が減り、訪問系サービスで在宅生活を支えている方の相談です。利用当初から、訪問したヘルパーに卑猥なことを言うなど、認知症ではありませんが、そのようなセクハラ行為が習慣的に見られ、ヘルパーが困って事業所を通じてケアマネジャーに相談してくることが多い方です。ほかにも、足の不自由なヘルパーに対して、身体的差別発言や、人権を無視した言動、人種差別的な発言も見られます。その度に、担当ヘルパーやサービス提供事業所の交代が続き、引き受けてくれる事業所がなくなってきて困っています。

対応のポイント

① 　可能であれば、同性介護にしたり、二人対応で訪問してみるなどの工夫を試みましょう。

② 　ヘルパー任せにせず、サービス提供事業所内でも毅然とした態度で接するようにお願いしていきましょう。

③ 　ケアマネジャーとしても、セクシャルハラスメント（セクハラ）の事実を知っていることを利用者に話し、なぜヘルパーの担当を変更せざるを得ないか、事業所を替えなければならないか、理由を明確に伝え、これ以上続くと、来てもらえるサービス提供事業所がなくなってしまう事実もしっかり説明していきましょう。

④　訪問系のサービスのみではなく、ADLの改善も考えて、通所系のサービスの導入など、家に引き込もらず、気分転換できるようなケアプランの再検討もしてみましょう。

⑤　家族がいる場合は、セクハラがあったことの事実を報告し、今後の在宅生活の継続について相談もしていきましょう。

⑥　地域の中で、このような利用者は複数の事業所が次々と関わることも多くなるので、保険者や地域包括支援センターとも、相談して連携を取り、一緒に対応策を検討していきましょう。

解　説

1　ヘルパーの体制

　訪問介護の事業所の約8割は女性職員といわれており、男性職員が代わりに全ての介助を担うのは、非常に難しいかもしれませんが、なるべく男性職員の多い事業所に依頼をしていくのも、有効な対策といえます。また、人材と費用の負担が多くなることが許されるならば、二人体制で身体介護を実施するなど、可能な限り女性職員一人で訪問しないように対策を考えていきます。

2　利用者本人とヘルパーの双方からの事情の確認

　介助に入るヘルパーが、ただ我慢を強いられることがないように、サービス提供事業所には、一方の話だけを聞くのではなく、きちんと双方に等しく言い分を聞いて真実を明らかにした上で、

①　明らかに利用者に非がある場合には、ヘルパーの上司から利用者へ注意をする

②　担当しているヘルパーを変更する

③　改善されなければ、事業所としてサービスを終了する

第1章　利用者とのトラブル　　23

という対応を毅然と取ってもらうようにします。サービス提供事業所の契約内容も確認してもらい、契約内容にサービスの終了条件として「背信行為」を挙げてあれば、法的にも問題なくサービスが終了できます。

3　客観的なアセスメントとケアプランの見直し

　ケアマネジャーの対応としては、見て見ぬ振りをせず、利用者と向き合い、ヘルパーや事業所の変更理由を明確にしていくことが大切です。また、一方的に利用者を責めるのではなく、なぜセクハラ行為をするのか、アセスメントする必要があります。ADLが低下し、外出が減って利用者の目がヘルパーにしかいかなくなっている事実があるので、外出の機会を設けるなど、ケアプランの見直しも検討してもらいたいものです。また、家族との関係が希薄になって寂しさからセクハラ行為があるのであれば、家族とのコミュニケーションが取れるように橋渡し役となってみることも必要でしょう。このように、ヘルパーの問題だけではなく、他に支援できることはないか分析して、他の解決策も検討していきます。

4　地域での支援体制

　個人情報には注意が必要ですが、地域でこのような利用者を支えていく場合には、サービス提供事業所同士の連携や情報交換も、時には必要になってきます。ケアマネジャーも、担当を替わらざるを得ない場合も想定されるので、保険者や地域包括支援センターにも関わってもらい、どのサービス提供事業所に依頼していけばよいかやケアマネジャーが交代となった場合などの対策等を、一緒に検討していく必要があるでしょう。

24　第1章　利用者とのトラブル

アドバイス

　厚生労働省では、介護現場で働く人が利用者や家族から受けるセクシャルハラスメントやパワーハラスメントなどの問題について、平成30年に、被害実態の調査や、事業者向けのマニュアルの見直しが行われましたので有効活用しましょう（「介護現場におけるハラスメント対策マニュアルについて」平31・4・10事務連絡）。

第1章　利用者とのトラブル　　25

5　病気や薬に対するこだわりが強く自己判断で薬の調整をしてしまう

　利用者自身が以前薬剤師をしていたため、いろいろな知識があり、病気や薬に対するこだわりが強く、自己判断で内服をやめてしまっています。そのたび、体調を崩して救急搬送されることが多いのですが、婚姻歴がなく身寄りもないため、その都度ケアマネジャーが本人や搬送先の病院等から呼び出され、対応しきれないこともあり、困っています。ケアマネジャーは基礎資格が医療職ではないので、医療的な知識では対抗できず、自己判断で薬の調整をしてしまうことを止めることができずにいます。

対応のポイント

① 　主治医に、利用者が自己判断で内服をやめてしまうことで体調を崩してしまうことを相談し、医療の専門職と連携を図ってみましょう。
② 　チームでのケアが必要になります。各専門職が情報や目標を共有して、連携を図ってみましょう。
③ 　薬剤師等が自宅を訪ねる「訪問サービス」を検討し、専門職からの説明をしてもらうことも検討してみましょう。

解　　説

1　主治医等の医療職との連携
　まずは主治医に、利用者自身が元薬剤師のため、自分の判断で服用

を中止して体調を崩すことを相談し、訪問看護師等の医療従事者等から、薬の説明や管理などをしてもらうことをお勧めします。ただし、訪問看護の場合は、利用者の了解を得た上で、主治医からの指示書やサービス計画書の変更が必要です。費用もかかってきますので、そのような場合は、医療知識のある専門職として、地域包括支援センターの保健師（看護師）に同行してもらうこともよいでしょう。

　法的にも医療職との連携は、以下のとおり定められています。

○居宅介護支援事業運営基準
（指定居宅介護支援の具体的取扱方針）
第13条　指定居宅介護支援の方針は、第１条の２に規定する基本方針及び前条に規定する基本取扱方針に基づき、次に掲げるところによるものとする。
　　十九　介護支援専門員は、利用者が訪問看護、通所リハビリテーション等の医療サービスの利用を希望している場合その他必要な場合には、利用者の同意を得て主治の医師等の意見を求めなければならない。
　　十九の二　前号の場合において、介護支援専門員は、居宅サービス計画を作成した際には、当該居宅サービス計画を主治の医師等に交付しなければならない。

2　チーム連携における情報の共有

　ケアマネジャーは適切なアセスメントに基づき、ケアプランを作成し、利用者の合意の下、サービスが提供されます。また、チームケアをしていく中ではお互いの情報共有が有効に活用され、同じ目標に向かうことが大切です。

　なぜ病気や薬に対して強いこだわりがあるのか、利用者の気持ちを聞いてみましょう。

3 薬剤師の居宅療養管理指導について

　「居宅療養管理指導」は、医療行為を行うものではありませんが、利用者の居宅に医師や歯科医師、看護師、薬剤師、歯科衛生士、管理栄養士などの専門職が訪問し、療養上の指導や健康管理、アドバイス等を行い、ケアマネジャーに対して、ケアプラン作成に必要な情報提供などを行うものです（介保8⑥、介保規9）。サービスの対象者は要介護1以上の高齢者です（40〜64歳の方も、特定疾病により、要介護1以上の認定を受けていれば対象）。要支援1・2の方は「介護予防居宅療養管理指導」となります（介保8の2⑤、介保規22の8）。薬剤師の場合、医師の指示を受け、処方されている薬の管理方法や服薬指導・アドバイス・副作用の説明を行うことができますので、主治医と相談して導入を検討するとよいでしょう。

アドバイス

　薬の種類や性質、飲み方などの疑問に答えながら、薬が有効に力を発揮しているかどうかを確かめ、また、保険・医療・福祉のそれぞれの専門職や機関と連携をして、その方にとって最適な在宅支援のために役立てていきましょう。ケアマネジャーが一人で悩まず、かかりつけ薬局に相談してみることもお勧めです。

28　　　　第1章　利用者とのトラブル

6　モニタリングのための居宅訪問が利用者の都合でできない

> 　一人暮らしの高齢女性を担当しています。マイペースに生活されており、その日の気分や天候などで、外出することがとても多い方です。ケアマネジャーの毎月の訪問は、「面倒で迷惑なので、（モニタリング）訪問は3か月に1回でいいわよ。」と言われてしまいます。何とか約束ができたとしても、ドタキャンされてしまったり、訪問しても不在だったりすることが続き、毎月困ってしまいます。

対応のポイント

① 　介護保険の制度上、モニタリングのための居宅訪問は必要です。もう一度、分かりやすく説明し、理解してもらいましょう。
② 　訪問介護等のサービスを利用しているのであれば、サービスの入っている時間の前後に訪問するなどの工夫をしてみましょう。
③ 　行政の担当者、地域包括支援センター等、関係機関に相談する、同行してもらうなどの検討もしてみましょう。

解　説

1　モニタリングのための居宅訪問の義務

　ケアマネジャーは、介護保険の制度上、利用者の居宅を訪問し、サービスの実施状況を把握することが、以下のように義務付けられています。

第1章 利用者とのトラブル　　29

○居宅介護支援事業運営基準

（指定居宅介護支援の具体的取扱方針）

第13条　指定居宅介護支援の方針は、第1条の2に規定する基本方針及び前条に規定する基本取扱方針に基づき、次に掲げるところによるものとする。

十三　介護支援専門員は、居宅サービス計画の作成後、居宅サービス計画の実施状況の把握（利用者についての継続的なアセスメントを含む。）を行い、必要に応じて居宅サービス計画の変更、指定居宅サービス事業者等との連絡調整その他の便宜の提供を行うものとする。

　利用開始時に重要事項説明書を分かりやすく説明し、ケアマネジャー業務の内容や役割を理解してもらうよう努めましょう。

2　モニタリングの必要性と頻度

　ケアマネジャーのモニタリングのための居宅訪問は、以下のように定められています。

○居宅介護支援事業運営基準

（指定居宅介護支援の具体的取扱方針）

第13条　指定居宅介護支援の方針は、第1条の2に規定する基本方針及び前条に規定する基本取扱方針に基づき、次に掲げるところによるものとする。

十四　介護支援専門員は、第13号に規定する実施状況の把握（以下「モニタリング」という。）に当たっては、利用者及びその家族、指定居宅サービス事業者等との連絡を継続的に行うこととし、特段の事情（※）のない限り、次に定めるところにより行わなければならない。

イ 少なくとも1月に1回、利用者の居宅を訪問し、利用者に面接すること。
ロ 少なくとも1月に1回、モニタリングの結果を記録すること。

（※） 特段の事情とは

「特段の事情」とは、平成22年7月30日「介護保険最新情報（Vol.155）」において、「利用者の事情により、利用者の居宅を訪問し、利用者に面接できない場合を主として指すもの」として、利用者に起因する事情であり、緊急入院や死亡した場合などが挙げられていますが、各保険者によっても、その他の詳細な基準や条件等が定められ、減算基準が違う場合もあるので確認しておく必要があります。

　制度上、利用者はモニタリングを受けるべきであり、そのことを契約時に説明しておくことが必要です。利用者の勝手な都合で訪問できない場合は特段の事情には該当しないため、減算の対象となります。
　また、訪問介護等のサービスを利用している場合等には、業務に支障がないように、サービスを受けている時間（直前や直後の時間等）に訪問してみるのもよいと思います。
　頻回に外出できるくらい元気な利用者の状況によっては、介護予防・日常生活支援総合事業の事業対象者に該当するのか、地域包括支援センターに相談してみるのもよいと考えます。

第1章　利用者とのトラブル　　31

7　借金があるために、施設入所ができない一人暮らしで寝たきりの利用者がいる

　一人暮らしで寝たきり（要介護5）の高齢利用者についての相談です。2年前に急逝した夫に多額の借金があることが分かり、遠方に住む息子が弁護士と相談しながら返済に当たっているのですが、返済の目処が立つまで施設入所は難しいと言われています。生活保護の申請もできない状態です。心身状態がぎりぎりの生活が続いていて、このままでは、借金返済の目処が立つ前に、急変してしまう可能性もあります。これ以上、どのような支援ができるのでしょうか。

対応のポイント

① 　介護保険施設のサービス提供拒否に該当するか再確認してみましょう。

② 　借金を返済しながら生活保護を受給することはできません。生活保護を受給するのであれば、借金について自己破産をするなど適切に債務整理をする必要があります。

③ 　状態が悪化し、生命の危険が予想される場合は、主治医に相談し入院等の対応の検討をしておきましょう。

解　説

1　介護保険施設におけるサービス提供の拒否について

　初めに、施設が借金を理由に入所（サービス提供）を拒否できるか、運営基準を見てみましょう。

32　　　　　　　第1章　利用者とのトラブル

○介護老人福祉施設運営基準
（提供拒否の禁止）
第4条の2　指定介護老人福祉施設は、正当な理由なく指定介護福祉施
　　設サービスの提供を拒んではならない。

　借金を理由に入所を断ることは正当な理由とは判断できませんが、初めから利用者負担が払えない利用者の入所相談となると、断られる可能性は高いと思われます。借金の返済目処が立てば入所はできますが、この事例では、そこまで利用者の生命が維持できるかという懸念があります。

2　生活保護の申請について

　資産があるとか、稼働能力があるのに働こうとしない、などの場合には、生活保護を受給することができません。借金がある場合でも生活保護を受給することは可能ですが、借金を返済しながら受給することはできません。これは、支給された生活保護費で借金を返済すると結果的に国が借金を返済することになるからです。そこで、借金のある方が生活保護を申請した場合には、自己破産手続をするなど借金を整理することが求められます（破産18①）。既に息子が弁護士に相談しているということですが、利用者の債務についても弁護士に相談するなどして、利用者自身が生活保護費から返済をすることのないようにする必要があります。

3　緊急時の対応

　状態の急変などが考えられる場合もあるので、その際にはどのように対応するか、主治医とも相談し、対応方法について、息子と共にチームで共有しておきます。行政の担当者や地域包括支援センターへも事前に相談し、情報を共有しておくとよいでしょう。

第1章　利用者とのトラブル　　33

8　生命の危機があるにもかかわらず、利用者が入所を拒否している

重度知的障害のある息子（50代）と二人で生活している利用者がいます。利用者は認知症を発症し、健康管理ができず、昨年の夏は、何回も脱水症状に陥って入院することがありました。利用者も息子も施設入所は断固拒否しており、それぞれの成年後見人も「本人がそう言っているのであれば、入所はさせられない。」と言っているため、入所の手続ができず、親子二人共に、生命の危機を感じています。果たしてこのまま在宅生活を継続していてよいのでしょうか。また、このまま亡くなった場合、ケアマネジャーとして責任が問われることはないのでしょうか。

対応のポイント

①　なぜ入所を拒否しているのか理由を利用者、家族から十分に傾聴し、意思決定支援をチームでしましょう。
②　生命の危機に関しては、主治医を中心とした医療との連携等、必要な介護サービスの見直しをしましょう。
③　虐待に当たらないか、地域包括支援センターや行政にも連絡をして情報を共有し、連携を図りましょう。
④　会議録や支援経過記録に記載しておきましょう。

解　説

1　介護保険施設への紹介その他の便宜の提供

ケアマネジャーには、施設入所について、次のような運営基準の定

めがあります。

「介護支援専門員は、適切な保健医療サービス及び福祉サービスが総合的かつ効率的に提供された場合においても、利用者がその居宅において日常生活を営むことが困難となったと認める場合又は利用者が介護保険施設への入院又は入所を希望する場合には、介護保険施設への紹介その他の便宜の提供を行うものとする。」(居宅介護支援事業運営基準13十七)

なぜ入所を断固拒否するのか、利用者の気持ちを丁寧に聞くことが大切です。障害のある息子を一人にできない、離れられない、金銭的なことなのかなど、利用者の思いを確認します。また、この親子には、他に親族がいないのか、確認しておく必要もあります。親族がいた場合、状況の報告や、今後関われるかどうかの確認が必要になるでしょう。

利用者の意思決定を尊重しつつも、主介護者(キーパーソン)が重度知的障害であって、利用者も要介護状態で認知症を発症している場合、きちんと意思決定できているのかどうかの判断は、難しいと思われます。生命に危険があるようであれば、意思決定に第三者のサポートは必要でしょう。この事例は、認知症の高齢者だけでなく障害を持つ息子も含めた「世帯」全体を支援していくチームケアが必要です。後見人とケアマネジャーだけで判断するのではなく、サービス担当者会議や地域ケア会議などで、主治医や後見人を中心にACP（意思決定支援）をチームでサポート・共有し、会議録や支援経過記録に残しておきましょう。

また、親が先に亡くなった後、残された息子の生活が成り立つような支援体制を、後見人やケアチームで、構築していく必要があります。

第1章　利用者とのトラブル　35

2　ケアマネジャーにできること

　生命の危機がある場合は、主治医等の医療系サービスとの連携や、適切な介護サービスが利用できているか、もう一度確認してみましょう。誰の支援も受けないまま亡くなってしまうことがないように、24時間体制で、この「世帯」を支えるケアプランをしっかり作成することは、ケアマネジャーだけにできることです。

　また、セルフネグレクトに当たるか等、虐待の対象となるか、行政に相談して、老人福祉法に基づく措置での対応ができるか検討することもよいでしょう。

3　記録の重要性

　ケアマネジャーが、家族や親族、警察・保険者などから、亡くなったことへの責任を問われないためには、支援経過の記録をしっかりと記載しておくことです。様々なアプローチをしたにもかかわらず、利用者の意思でサービスを拒否し、亡くなってしまった場合でも、会議録や支援経過記録がきちんと記載されていれば、ケアマネジャーの責任について問われることはないでしょう。

アドバイス

　ケアマネジャーは適切なアセスメントの下、必要な介護サービスの調整をしています。この事例に限らず、支援経過記録は重要です。記録が自分を守ってくれることになります。自分の記録は大丈夫と思わず、支援経過記録の書き方の研修などがあれば参加したり、事業所内でもお互いに確認し合うなど、日頃から点検していきましょう。

36　　第1章　利用者とのトラブル

9　嗜好品の買物の依頼を断ってからケアに入れなくなった

　ヘルパーが、一人暮らしの女性利用者から「酒を買ってきてほしい」と頼まれ、断ったところ「そんなに融通が利かないなら二度と来なくてよい」と言われ追い返されてしまい、その後ケアに入れなくなってしまったと、訪問介護事業所から報告を受けました。嗜好品であっても、他の買物と一緒に買ってあげるべきなのでしょうか。

対応のポイント

①　介護保険でできる生活援助の中の買物について、丁寧に説明しましょう。
②　介護保険以外の代替サービスを提案してみましょう。
③　自立支援の視点から、利用者が自身で買物に行くことができるようなプランの提案もしてみましょう。

解　説

1　介護保険で算定できる生活援助の内容

　介護保険制度における生活援助の算定は、「訪問介護におけるサービス行為ごとの区分等について」(平12・3・17老計10) が基準になっています。同通達は、平成12年に制定されて以来、変更はありませんでした。平成30年3月、18年ぶりに見直されましたが、生活援助の考え方に変更はありませんでした。

第1章　利用者とのトラブル　　37

〇訪問介護におけるサービス行為ごとの区分等について（平12・3・17老計10)
 2　生活援助
　　生活援助とは、身体介護以外の訪問介護であって、掃除、洗濯、調理などの日常生活の援助（そのために必要な一連の行為を含む）であり、利用者が単身、家族が障害・疾病などのため、本人や家族が家事を行うことが困難な場合に行われるものをいう。（生活援助は、本人の代行的なサービスとして位置づけることができ、仮に、介護等を要する状態が解消されたとしたならば、本人が自身で行うことが基本となる行為であるということができる。）
　※　次のような行為は生活援助の内容に含まれないものであるので留意すること。
　　①　商品の販売・農作業等生業の援助的な行為
　　②　直接、本人の日常生活の援助に属しないと判断される行為

　これらの法的な根拠から、利用者の生活援助の内容について、利用者とサービス提供事業者と一緒に再確認し、場合によっては、担当のヘルパーを変更したり、サービス提供事業所を変更するなどして関係性を再構築し、日常生活に支障がないように、訪問介護が利用できるようにサポートしましょう。

2　生活援助の買物に該当しない支援について

　生活援助の買物に該当しない支援とは
①　同居の家族も使用する物品
②　家具や家電、趣味の物品、酒や煙草などの嗜好品
③　高価な食材やデパート等の物産展や契約を必要とする買物
④　インターネットでの注文
などです（介保規5、平12・3・17老計10)。

ヘルパーは、利用者の日常生活に必要な日用品や食材等の買物の援助を行います。利用者にとって、お酒が日常生活に欠かせないものでも、介護保険サービスでの対応は不適切と判断されるため、利用者に介護保険でできる買物の支援の説明を丁寧に行います。平成27年度の制度改正では、介護予防・日常生活支援総合事業を、各市町村が中心となって実施することとされました（平27・3・31厚労告196）。単純に介護保険サービスの支援だけでケアプランを完結させるのではなく、介護保険外の自費契約や混合介護等で対応してもらったり、高齢者等買物サポート事業などがあるかどうか、住んでいる市区町村や地域包括支援センター等に問い合わせる等して、一方的にできないと断るだけでなく、利用者の気持ちを汲み取りながら、代替サービスを紹介していきましょう。さらに、自立支援の視点から考え、利用者が、一緒に買物に行けるようなプランや通販・インターネットサービスを支援するなど、利用者が楽しんで嗜好品が購入できるような方法を一緒に考え、提案してみてはいかがでしょうか。

アドバイス

　利用者にとって自分の言うことを聞いてくれる支援者は都合が良いものです。介護保険を利用する場合には、できること、できないことがありますので、訪問介護事業所との契約の際やサービス担当者会議の際に、ヘルパーと家政婦の違い等を丁寧に説明していきましょう。場合によっては、お酒や煙草が、その方の健康を害するという理由から、医師から止められていることもあり、必要に応じて、医師や看護師と連携し、注意を促してもらう必要があるので、協力してもらいましょう。

　情に流されて一度引き受けてしまうと、次から次へと介護保険で認められていないことを頼まれ、断れなくなってしまいます。できないことは、できないとはっきりと伝えるだけでなく、代替案を提示することで、ケアマネジャーやヘルパーとの信頼関係が壊れないような配慮をしていきましょう。

第1章　利用者とのトラブル　　39

10　小規模多機能型居宅サービスだからと、すぐに来てほしいと言われる

24時間365日対応する小規模多機能型居宅サービスのケアマネジャーです。

担当している利用者で、自ら複数の病院に予約し、往診の付添いをしてほしいとの要望があります。また、時間制限なしで電話をかけてきては、「今すぐ自宅に来てくれ」「体調が悪いので、様子を見に来てくれ」との要請も多く、これ以上対応できないのですが、本人は権利を主張してくるので困っています。

対応のポイント

① 自事業所内サービスでの対応に終始せず、多種多様な社会資源を取り入れてケアプランを検討してみましょう。特に、医療従事者（主治医等）がどのようにチームメンバーとして参加し、役割を担っているのか、見直しましょう。

② 利用者のニーズとデマンドについて、もう一度検討し、アセスメントからやり直しましょう。

③ 小規模多機能型居宅介護を行う上で、職員の配置状況について調整する等の工夫ができないか、管理者等の上司に相談し、事業所として対応できる範囲を明確にしましょう。

40　　　第1章　利用者とのトラブル

解　説

1　小規模多機能型居宅介護とは

　介護保険法では、小規模多機能型居宅介護について、以下のように
定めています。

○介護保険法
〔定義〕
第8条
19　この法律において「小規模多機能型居宅介護」とは、居宅要介護者
　について、その者の心身の状況、その置かれている環境等に応じて、
　その者の選択に基づき、その者の居宅において、又は厚生労働省令で
　定めるサービスの拠点に通わせ、若しくは短期間宿泊させ、当該拠点
　において、入浴、排せつ、食事等の介護その他の日常生活上の世話で
　あって厚生労働省令で定めるもの及び機能訓練を行うことをいう。

　(1)　小規模多機能型居宅介護のメリット

　小規模多機能型居宅介護は、通所・訪問・宿泊サービス及びそのプ
ランニングを、同じ施設と、そこに勤務する顔見知りの職員によって、
包括的にサービス提供を行うというものです。同じケアスタッフが、
通所や訪問、宿泊時の宿直業務を全て担当するので、利用者との馴染
みの関係が構築しやすく、生活全般の状況も把握しやすいという利点
があり、利用者にとっても、慣れた相手なので受け入れやすく、複数
事業所を利用するのに比べ、事務手続も少なくて済むというメリット
があります。また、費用的にも包括報酬なので、利用状況によっては、
負担を抑えられます。

　(2)　小規模多機能型居宅介護のデメリット

　小規模多機能型居宅介護を受けるには、そこに所属するケアマネジ

ジャーがケアプランを作りますので、既にサービスを受けている利用者
は、今まで担当していたケアマネジャーとは契約が終了します。また、
通所介護や訪問介護等を利用していた場合も、その事業所とは契約終
了となり、新たに小規模多機能型居宅介護事業所のスタッフと関係作
りをしなければなりません。同時に、包括サービスですので、他の多
種多様な介護保険サービスが併用できないこともあります。そして、
小規模多機能型居宅介護自体、利用定員がありますので（地域密着型サ
ービス事業運営基準66）、状況によっては、臨機応変に対応できないこと
もあります。

2 社会資源の活用

　前述のとおり、小規模多機能型居宅介護は、複数のサービス形態に
より事業展開をしているため、ともすると事業所内のマンパワーだけ
で援助を進める傾向があります。また、他サービスを併用することに
一定の縛りがあるのも、そのような状態を作る要因になっているのか
もしれません。居宅介護支援事業運営基準13条4号では、「介護支援専
門員は、居宅サービス計画の作成に当たっては、利用者の日常生活全
般を支援する観点から、介護給付等対象サービス（法第24条第2項に規
定する介護給付等対象サービスをいう。以下同じ。）以外の保健医療
サービス又は福祉サービス、当該地域の住民による自発的な活動によ
るサービス等の利用も含めて居宅サービス計画上に位置付けるよう努
めなければならない。」となっており、これは、居宅サービスや施設サ
ービスに限らず、常に念頭に置いておかなければならないものです。
特に様々な疾患を抱えている高齢者にとって、医療との連携は欠かせ
ず、居宅療養管理指導や訪問看護・訪問リハビリテーションは、併用
することが認められています。インフォーマルな地域住民等による交
流活動等の情報も必要で、地域包括支援センターなどに相談し、地域

で支える方法を考えていくことも重要です。

3　事業所内での体制を再構築

　24時間対応するのが小規模多機能型居宅サービスではありますが、いくら権利を主張されても、この利用者以外にも利用者がいるので、急な対応が難しいことも考えられます。契約書や重要事項説明書などを確認していただきながら、丁寧にサービス内容について説明し、ケアマネジャーだけが対応に当たるのではなく、管理者を中心に事業所としての対応の仕方や、職員間の役割分担について再検討してみましょう。また、この利用者については、「頻回に訴えがある原因は何か」「疾患の影響は」「精神的な不安や寂しさからか」「認知症の始まりか」など、アセスメントの見直しをもう一度してみましょう。また、体調不良に対する訴えや通院の希望が多いようなので、必要があれば、24時間対応の訪問診療や訪問看護の導入を検討するなど、プランの修正も考えましょう。

アドバイス

　主治医や医療機関との普段からの関係作りや、地域の住民活動にもアンテナを張り、事業所自身が地域の社会資源として活用してもらえるよう働きかけることで、サービス圏域での活動がより充実でき、利用者にフィードバックさせることも可能になると思います。

第1章　利用者とのトラブル　　43

11　精神疾患のある利用者との意思疎通が取りにくい

　統合失調症の利用者を担当しています。急にケアマネジャーを交代させると言い出したり、次の日にはしないと言ったりして振り回されています。電話も頻回にかかってきては、1〜2時間話し込みます。モニタリング訪問時間も同様に1〜2時間若しくはそれ以上かかってしまいます。サービス提供事業者に対しても、毎回全く同じようにケアしないと、ヘルパーを変更すると言ってきます。この利用者の対応だけで、時間も神経もすり減らしています。どのような対応を心掛ければよいでしょうか。

対応のポイント

① 　疾患の治療に当たっている主治医へ、症状に対する対応について、実情を説明し相談しましょう。
② 　服薬管理がしっかりされているか、必ず確認しましょう。
③ 　必要に応じて基幹相談支援センターと連携し、在宅支援の方法を検討しましょう。
④ 　統合失調症についての理解を深めましょう。様々な要望が生まれる原因はどこにあるのかを考えてみましょう。

解　説

1　医療機関や障害の専門機関との連携

　医療機関や基幹相談支援センター、必要であれば指定特定相談支援

事業者等との連携を検討しなければなりません（居宅介護支援事業運営基準1の2④、障害支援51の17①一）。

　また、実際に医療機関との関係が切れ、長く治療を受けていないようであれば、当該地域を担当する保健所に相談し、訪問等の依頼をします。

　精神疾患のある利用者の中には、服薬管理ができていない人もいます。主治医に相談して、居宅療養管理指導を活用し、薬剤師から服薬指導をしてもらったり、訪問看護や訪問介護等を活用して、確実に服用してもらう環境を整えます。

2　疾患の特徴を知る

　統合失調症は、幻覚や妄想という症状が特徴的な精神疾患です。それに伴って、人々と交流しながら家庭や社会で生活を営む機能が障害を受け（生活の障害）、「感覚・思考・行動が病気のために歪んでいる」ことを自分で振り返って考えることが難しくなりやすい（病識の障害）という特徴を併せ持っています。

　多くの精神疾患と同じように慢性の経過をたどりやすく、その間に幻覚や妄想が強くなる急性期が出現します。

　統合失調症の原因は、今のところ明らかではありません。進学・就職・独立・結婚などの人生の進路における変化が、発症の契機となることが多いようです。ただ、それらは発症のきっかけではあっても、原因ではないと考えられています。様々な研究結果を総合すると、統合失調症の原因には素因と環境の両方が関係しており、素因の影響が約3分の2、環境の影響が約3分の1とされています。素因の影響が随分大きいと感じるかもしれませんが、この値は高血圧や糖尿病に近いものですので、頻度の多い慢性的な病気に共通する値のようです。

第1章　利用者とのトラブル　　45

　子供は親から遺伝と環境の両方の影響を受けますが、それでも統合失調症の母親から生まれた子供のうち同じ病気を発症するのは約10%にすぎません。

　統合失調症は、実は高血圧や糖尿病などのいわゆる生活習慣病と同じように、身近な病気で、約100人に1人弱がかかる頻度の高い病気です。早期発見ができ、早期に適切な薬物治療や本人や家族の協力などで、こころの働きの多くの部分は保つことができ、多くの方が回復していきます。また、回復した後は、再発予防の経過観察やサポートが大切になってきます。

3　具体的な対応について

　統合失調症の患者は、相談の電話をかけてきたり、同じサービスを求めたりと、できることも多くありますが、統合失調症という疾患が、この利用者の生活を阻害しています。例えば、タオルの畳み方や置き方一つにしても、毎回同じ方法や手順でないと受け入れることができず、手順どおりに行うことで、自分の思考を守ろうとしていきます。手順を守ってくれない人は、「自分の敵」になりますから、ヘルパーでもケアマネジャーでも、変更を求めてきます。また、モニタリング訪問に時間をとられるのであれば、最初から予定を作り、この利用者にかけられる時間を決めてもよいのではないでしょうか。もちろん延々と行うわけにはいきませんので、訪問時に時間を提示して約束を取り付けるという方法もあります。「今日は、○○時には会議があるので、○○時には帰りますね。」と始めから、時間を提示しておくのです。話したい、聞いてほしいという中に、本当のニーズが見え隠れすることもあるように思います。認知症の方と違って、知的レベルは保たれていますので、きちんと「あなたと、向き合っています」という態度を

示すことで、信頼関係が築かれていきます。しかしながら、担当している
ケアマネジャー一人が対応に追われ抱え込んだり、ケアマネジャー自身の神経がすり減ってしまわないように、事業所内で情報を共有したり、ケアチーム全体で支えていける体制を構築していきましょう。必要に応じて指定特定相談支援事業者等と連携し、様々な在宅支援の方法を検討しましょう。

第1章　利用者とのトラブル　　47

12　身寄りのない認知症の利用者について支援の協力が得られない

　身寄りのない認知症の利用者が車を運転しており、危険性が高い状況です。主治医とも相談をしましたが、利用者の理解が得られず困っています。地域住民からは、「ケアマネジャーは何をしている」と市役所に通報が入っています。

　警察や後見人からの連絡窓口になったり、認定調査や受診の立会いなど、全てにおいて「信頼感のあるケアマネジャーさんがやってほしい」と、保険者も地域包括支援センターも依頼してきます。利用者が嫌がることにケアマネジャーが立ち会うことで、信頼関係が崩れてしまう可能性があります。

　ケアマネジャーとして、これら全てに立ち会うことが必要なのでしょうか。

対応のポイント

① 　ケアマネジャーとして支援すべきことを明確にし、保険者や地域包括支援センターに相談して対応を検討しましょう。
② 　身寄りがないので、市町村長申立てによる「成年後見人」の選定を行ってもらうよう、地域包括支援センター等を通して、行政に相談しましょう。
③ 　認知症高齢者の車の運転については、事故の可能性が高く、他者の生命にも関わるため、早急に対応しましょう。

解　説

1　ケアマネジャーの義務

　介護保険法69条の34第1項から第3項までや、居宅介護支援事業運営基準1条の2第1項から第4項まで等にあるように、ケアマネジャーとして果たすべき役割は法律で規定されています。その主な内容は、「公正中立であること」「自己研鑽に努めなければならないこと」「利用者本位であること」「市町村や地域包括支援センター等の公的機関や、他の介護支援事業者等との連携に努めること」などです。

　利用者との良好な関係構築は、ケアマネジメントを進めていく上で大変重要なことですし、滞りなく業務を遂行するためにも必要な要素です。しかし、そのことに終始し利用者の顔色ばかりうかがってしまうと、本来すべき業務に根拠のない規制をかけ、ケアマネジャーとしての責務を見失ってしまうことになりかねません。

2　成年後見制度

　認知症、知的障害、精神障害などの理由で判断能力が十分でない方々は、土地・家屋等の不動産や、証券類・預貯金等の資産・財産を管理したり、自身に介護の手が必要になったとき、介護サービスや施設への入所に関する契約を結ぶことが困難になります。また、遺産相続や分割の協議をする必要があっても、自分で判断し進めていくことができない場合もあります。

　特に、一人暮らしで他人に相談する機会が少ない場合などは、自分に不利益な契約であっても、的確な判断ができずに契約を結んでしまい、悪徳商法の被害に遭うなどの危険性があります。このような、判断能力の不十分な方々の権利・利益を保護し、支援するのが成年後見制度です。

第1章　利用者とのトラブル　　49

　この事例のように、他に親族等がなく申請できる方がいない場合は、市町村長に法定後見の開始の審判の申立権が与えられています（老福32、知的障害28、精神福祉51の11の2）。今後、様々なサービス（施設入居も含めて）を利用していく上で、契約行為は付いて回りますし、また利用者の死後についても、後見人の存在は不可欠と思われます。

3　認知症高齢者の運転への対処

　主に、75歳以上のドライバーが運転免許を更新する際に、高齢者講習の前に受ける認知機能検査があります。この検査で、判断能力・記憶能力が低下していると判断されると、臨時適性検査（専門医による診断）を受け、認知症と診断されると、免許の取消しや停止がなされますので、ここで、運転免許を公的になくして運転できないようにする手立てがあります。

　また、75歳以上のドライバーが信号無視等の特定の交通違反をした場合にも、認知機能検査を受けることとなります。ここで前述したように認知症と診断されると、やはり免許の取消しや停止がなされます。

　以上のように、高齢者が運転する車両の事故を未然に防ぐための制度もでき始めています。ケアマネジャーとして、どこまで関わるかは意見の分かれるところですが、大きな事故が起きる前に対処する必要はあると思います。このまま運転を続け、事故を起こし、自分や他人にケガを負わせたり、命を危険にさらしたりすることを未然に防ぐことも、利用者保護につながり、ケアマネジャーの役割と捉えてもよいのではないでしょうか。

アドバイス

　一人暮らしで身寄りのない方について、キーパーソンがいないために、何かあると、すぐにケアマネジャーが、まるで家族や身元引受人のよう

に扱われて、対応を求められ、心身共に疲弊してしまいがちです。特に認知症等で判断能力の低下が予測できるケースについては、一人で抱え込まず、事業所内やケアチームでも対応を一緒に検討するとともに、地域包括支援センターや保険者等に情報提供をし、いずれ行政措置が必要になってくるものと捉え、地域ケア会議等で共有していく必要があります。周囲からの様々な要求内容をよく精査し、できることとできないことに分類し、できないことにはその根拠を明らかにした上で、どこに相談すべきか考えていきましょう。

第1章　利用者とのトラブル　　51

13　利用者の思い込みにより関係が悪化し、支援を受け入れてくれないが、担当変更は拒否された

　家族からの依頼で手配したサービス（緊急性がありやむを得なかった）について、利用者から「勝手にケアマネジャーがやった」と文句を言われ、関係性が悪化してしまいました。利用者の思い込み（妄想）があってその後自宅に行くことも拒否されるようになり、「今後の生活のためにもケアマネジャーを交代した方がよいのでは」と提案しましたが、納得してもらえず、何もできない状態になってしまいました。その後、家族も利用者本人と関わることを拒否し始めてしまい、支援が滞ってしまい困っています。どうしたらよいでしょうか。

対応のポイント

① 利用者の怒りの根源がどこにあるのか、もう一度支援経過を振り返って考察しましょう。

② 利用者の生活歴から、家族との関係性がどのようなものであったか検討しましょう。本人の思いと家族の思いのどこにズレがあるのか、ケアマネジャーとして、どう緊急性を判断したのかも、振り返ってみましょう。

③ 利用者が望んでいる生活とは、どのようなものでしょうか。利用者のニーズについて、再確認してみましょう。

④ 支援が滞っている事実を行政や地域包括支援センターに報告し、対応を相談していきましょう。

解　説

1　受容・傾聴・共感

　「ありのままのその人を、何の先入観も持たず、否定も肯定もしないで受け入れる」「相手の話に頭と心を傾けて、真摯に冷静に聴く」「価値観の違う他人である自分が、相手の立場になって理解しようとする」。文字にしてしまえばこれだけかもしれませんが、とても難しいことです。利用者がどのような価値観を持ち、どのように生きていきたいのかを受け止め、その人らしく過ごしてもらえるために何が必要なのかを、一緒に考えていくことが、ケアプランにつながっていくと思います。ともすると、家族の利用者への思いと、利用者が望む生活の在り方にズレが生じ、その調整に苦慮した結果、利用者から信頼を失うといったことも起こり得ます。そのとき、利用者に寄り添い、話を聴き、相手の立場に立って理解しようとしていたのかが、その後の関係性構築への大きな鍵となります。

　最初に掛け違えてしまったボタンは、一度全て外して掛け直さなければ、永遠に掛け違えたままです。利用者はケアマネジャーの交代を納得していません。なぜでしょう。悪意を持ってそうしているのでしょうか。そんなエネルギーを使ってまで、嫌な相手に関わるとは考えづらいことです。現任担当のケアマネジャーが嫌なら、進んで交代を受け入れるでしょう。

2　生活歴の理解

　利用者を理解する上で、本人がどのような人生を歩んできたのかを知ることは、とても重要なことです。本人の価値観等も含め、家族関係、友人知人、社会の中のどのような位置にいて、どのようにその使命を果たしてきたのでしょうか。

　この事例では、家族と利用者との思いに差があり、その調整が上手くいかなかったことが、関係悪化の要因と思われます。家族は利用者

第1章　利用者とのトラブル　　　53

にどのような生活をしてほしいのか、利用者はどう生きていきたいのか。そこには、今まで家族として暮らしてきた歴史が関わっていることも少なくありません。仮に親子の関係でしたら、子は「自分の親には、他人に迷惑をかけず、ケガのないよう、いつまでも健康で今のままの生活を続けてほしい」、利用者は「仕事や子育てから卒業し、長く今の生活を続けてきたし、これからも（自分の思うように）この生活を続けていきたい」と思うところでしょうか。そういった、漠然とはしていますが変わりのない平穏な生活を、誰もが望んでいることでしょう。そこに緊急事態が発生し、利用者のためと思って家族が依頼したことが、利用者にとってはとても不本意で受け入れ難かったということです。利用者の同意を得る余裕がなく、緊急的にサービスを展開することはままあります。その際は、それが利用者の望む生活に必要不可欠なものであることを、根拠を明確にし、説明できなければなりません。

　繰り返しになりますが、家族の思いと利用者の思い、その両方をよく理解し、利用者にとっての最善の方法を、一緒に検討していくことが大切だと思います。

アドバイス

　このままケアマネジャーの、毎月のモニタリング訪問ができないままサービスが継続して利用されていると、運営基準違反になってしまいます（居宅介護支援事業運営基準13十四）。行政（保険者）や地域包括支援センターなどにも状況を相談していくのもよいと思われます。どうしても関係性の再構築が図れない場合には、契約書の内容を確認し、ケアマネジャーの事業所側から、契約解除できるケースに該当するかどうかも検討する必要があります。管理者を中心に事業所内でもよく検討していきましょう。

14 利用者と家族が虚偽の情報をケアマネジャーや認定調査員に伝えてくる

担当している利用者と家族が、介護保険の認定有効期間の更新の時期が近づき、更新申請を行い認定調査を受けるタイミングになると、要介護認定の結果がなるべく重くなるように、明らかに虚偽の報告や、状態の重症度を偽って報告をしてきます。担当している利用者であるかどうかにかかわらず、認定調査の際に、事実と異なることを伝えてくる場合、どのように対応し、どのように市町村に報告すればよいでしょうか。

対応のポイント

① 担当している利用者やその家族が、虚偽の報告等をする可能性が予見できるのであれば、介護保険の趣旨を説明し、理解を求めましょう。

② 担当ケアマネジャーとして調査に同席させてもらえるよう、利用者や家族に同意を求め、調査状況を確認しましょう。もしも同席が困難な状況であれば、市町村の担当課窓口に、虚偽の報告をする可能性について、客観的事実を持って、速やかに相談しましょう。

③ 要介護認定等関係情報を保険者より取得した際、実際の状態と極端な齟齬（そご）がないか、必ず確認しましょう。

第1章　利用者とのトラブル　　55

解　説

1　要介護（要支援）認定について

　介護保険法19条1項及び2項には、「介護（予防）給付を受けようとする被保険者は、要介護者（要支援者）に該当すること及びその該当する要介護（要支援）状態区分について、市町村の認定を受けなければならない」とあります。また、認定調査について、同法27条2項で「市町村は、被保険者から要介護認定等の申請があったときは、当該職員をして、当該申請に係る被保険者に面接させ、その心身の状況、その置かれている環境その他厚生労働省令で定める事項について調査させる」となっています。介護保険サービスを利用する際には、適切な方法で調査を受け、認定されなければなりません。

　そもそも認定自体が直接給付額に結び付きますので、その基準も全国一律に客観的に定められています。このルールを順守することが、介護保険の公平性を保つことになるということを利用者に理解を求めていきましょう。

2　利用者に関する市町村への通知

　居宅介護支援事業運営基準16条では、「利用者が正当な理由なくサービスの利用に関する指示に従わずに要介護状態の程度を増進させた場合などは、市町村に通知しなければならない」とあり、この事例もこの通知義務に抵触するものと思われます。ケアマネジャーは公正中立の立場から、速やかに市町村に通知し、水際で不正を抑止しなければなりません。

3　ケアマネジャーの役割

　介護保険制度は、要介護状態になっても、その人が有する能力に応

じ、尊厳を保持したその人らしい自立した日常生活を営むことができることを目指しています（介保2④）。しかし、時にそれが「公費を活用した社会保障」という認識がなされず、単なる便利なサービスと認識されてしまうことも少なくありません。特に「保険料や利用料を負担している」という利用者側の認識が強いほど、この事例のようなことが起こり得ます。

　ケアマネジャーは、介護保険制度の根幹をよく理解し、また、利用者やその家族にも、自助・互助の視点を理解してもらえるよう、働きかけていかなければなりません。同時に、「なぜそのような行為をするのか」「何か他に気が付いていない潜在的課題（ニーズ）が埋没していないか」という視点も大切です。事象について多面的な視点を持ち、対応すべきです。

　そのためにも、普段から利用者やその家族と良好な関係を構築しておくことが、大切なことだと思います。

第 2 章

家族や親族、近隣住民等との
トラブル

58

第2章　家族や親族、近隣住民等とのトラブル　　59

15　主に介護に当たる家族が認知症で、必要な支援が導入できない

　アセスメントの結果、エアマットのレンタルとヘルパーの支援を計画しました。サービス担当者会議を開催し、主介護者である利用者の夫にも参加してもらい、同意を得て、サービス開始としました。

　ところが、ヘルパーが訪問すると、夫に「頼んだ覚えはない。帰れ」と言われてしまったと報告がありました。そこで、モニタリングのために居宅を訪問すると、部屋の隅にエアマットが立て掛けてあり、使用されていないことが分かりました。夫に尋ねると「こんなにデコボコしているものに寝たら痛いに決まっている」と言います。どうも内服や貼り薬の支援もできていない様子です。

　改めて夫の言動を観察すると、どうやら夫は記憶力や理解力に問題がありそうです。子供はおらず、他に介護に当たれる家族はいないと聞いています。

　このままだと、利用者に必要な支援を導入できません。これからどのように支援をしていったらよいでしょうか。

対応のポイント

① 　アセスメントの際、介護に当たる家族の健康・精神状態・社会とのつながりの状態に着目し、家族の成員に支援を要する状況がないのかの確認をしましょう。

② 　また、モニタリングの機会には、家族の負担感や介護への意欲の度合いを計り、家族情報の収集と分析を行い、利用者のニ

60　第2章　家族や親族、近隣住民等とのトラブル

ーズを捉え直すことが必要になる場合もあることに意識を向け
ましょう。

> [　解　説　]

1　家族アセスメントの必要性

　現在の日本では、急速な高齢化に伴い認知症患者数が増加しており、
要介護申請を行っている認知症患者は2015年には65歳以上の高齢者の
うち345万人であり、2025年には470万人になると予測されています。
介護が必要になった主な原因疾患としても認知症は第1位となってい
ます（厚生労働省「平成30年　グラフでみる世帯の状況　国民生活基礎調査（平
成28年）の結果から」）。

　また、軽度認知障害（MCI）状態になっている人は、65歳以上の13%、
約400万人にのぼるというデータもあります（厚生労働省　社会保障審議
会（介護給付費分科会）第115回（平成26年11月19日）参考資料1「認知症施策の現
状について」）。

　高齢者のみ世帯の割合も増加の一方ですから、「老老介護」という言
葉や状態は、もはや珍しいものではなくなってきたことを実感してい
るケアマネジャーも多いのではないでしょうか。

　とすれば、MCIや認知症の初期の段階にある人で、日常生活はなん
とか送れるために、自らはまだ要介護申請や専門医への受診をしてい
ない高齢者が、同居の要介護者を介護している数も相当な数となるで
あろうことを踏まえて、ケアマネジメントを行うことが必要となるで
しょう。

　そこで、認知症によって、記憶障害や認識力・理解力の低下を生じ
ている人が主介護者となることで、どのようなことが起こり得るか考
えてみましょう。

第2章　家族や親族、近隣住民等とのトラブル　　61

例えば、

・適切な栄養や水分の摂取ができない、不衛生な状態が続いたり、内服管理ミスや受診の不徹底等によって、健康管理や体調管理が行えなくなり、利用者の健康を損ねる可能性
・記憶力の低下や判断力の低下によって、医師や看護師、介護職員、ケアマネジャー、地域住民等の支援者に対して、説明や連絡、適切な対処ができなくなり、サービスを提供する上でのトラブルが生じる可能性
・金銭トラブルや、火の不始末、介護放棄等の虐待に至る可能性
以上のような可能性が挙げられるでしょう。

　これらのことを念頭に、アセスメント〜モニタリング〜再アセスメントに当たるようにしましょう。必要に応じて、家族介護者の状況の情報共有や受診等の検討、成年後見制度活用の是非についての相談を、地域包括支援センターや行政担当課と協力し合いながら行いましょう。

　また、ケアマネジャーとして高齢者の暮らしを地域全体で見守れるような地域の在り方を考える機会も持ちましょう。

2　モニタリングの重要性

　老老介護は、高齢者夫婦に限ったことではありません。前期高齢者の子や子の配偶者が、後期高齢者の要介護者の介護をしているケースも多いことでしょう。介護が長期化することで、支援開始当初は心身共に健康であった介護者が、経過の中で認知症の症状を呈することもあるでしょう。継続的な家族情報の収集と分析を怠らないようにしましょう。

62　　第2章　家族や親族、近隣住民等とのトラブル

> ### アドバイス
>
> 　地域で高齢者の見守り活動や認知症カフェの取組が積極的に進められています。高齢で介護に当たっている家族も、利用者と共に気軽に参加できるような働きかけをすることも、変化の早期発見に役立つかもしれません。

第2章　家族や親族、近隣住民等とのトラブル　　63

16　利用者と家族介護者の意見に相違があり、板挟みになってしまった

　関わる以前から親子関係が悪かったようです。長年同居していても、親子間での会話がほとんどなく、意見や希望に大きく開きがあり、口喧嘩が絶えません。喧嘩が長引くと、娘は利用者が呼んでもトイレ介助をしてくれなかったり、ご飯を作ってくれないこともあるようです。

　介護者である娘は「とても面倒が見きれないから、毎日デイサービスに行かせたい。自費を出しても構わない。その方がお互いにとってもよいと思う。」と言い、利用者は「家族が面倒を見るのは当たり前。どうしてもというなら、週1回なら我慢する。」と言います。

　家族の言うとおりにしないと介護放棄につながりそうで、結局、介護者の希望に沿った計画になってしまいました。利用者から不満が出ても、説得に回る役回りをしている自分に自己嫌悪の日々です。どうすればよかったのでしょうか。

対応のポイント

① 利用者本位の支援のために、利用者の生活に対する意向を丁寧に聞き取り、ポジティブな意欲に転換できるような働きかけに努めましょう。

② 家族と共に過ごしてきた歴史からも、利用者の価値観は形成されています。利用者らしい生活や暮らしの支援のためには、

家族（家族全体、利用者、家族介護者）の歴史や関係の把握と
共感が必要となります。

解　説

1　利用者本位の支援の実践のために

　ケアマネジャーは、利用者の生活歴や習慣・好み・性格や趣味等の
個人背景に着目して、一人ひとりの視点や立場を理解しながらケアマ
ネジメントを行います。このことは、利用者本位の支援として基本的
な姿勢といえますが、時に、利用者と家族介護者の意向の違いに板挟
みとなり、悩むことがあります。あちらを立てればこちらが立たず…、
折り合い点もなかなか見つけられず…。こんなとき、双方の困りごと
だけに焦点を当て、単に困りごとを解決する手段を何とか考え出すと
ころにとどまっていないか、自分の支援を振り返ってみましょう。

　そして、利用者本位の支援の実践のために、困りごとを意欲的でポ
ジティブな視点に転換できるような働きかけに努めましょう。

　例えばこの事例では、「介護が必要になったら家族に面倒を見てほ
しい」という利用者の思いに寄り添い、なぜそう思うのか丁寧に話を
聞き取ります。「週1回ならばデイサービスに行ってもよい」という言
葉には、介護をしている家族への思いやり（のようなもの）が見受け
られますが、その背景には利用者のどのような思いがあるのでしょう
か。また、その週1回のデイサービスの利用によって、利用者がかなえ
られる「ニード」はどんなことでしょうか（マズローによるニードの
階層理論を参考にしてみてください。）。利用者と一緒に言語化してい
きます。

　このように、自己の支援を振り返ることは対人援助職として不可欠

第2章　家族や親族、近隣住民等とのトラブル　　65

です。自ら振り返ることも有用ですが、できれば初任者の段階にある
ケアマネジャーは、知識と経験ある主任ケアマネジャーや管理者等に
よるスーパーバイズを受けながら、自らの支援を振り返ることができ
ると、なおよいでしょう。

2　対人援助職として、家族システムに着目する

　ケアマネジャーは利用者支援のために、家族・地域・文化について
の視点を持つことが必要となります。私たちの目の前にいる介護が必
要となった利用者の現在の価値観は、利用者を含めた家族・生活を送
ってきた地域・地域社会の文化等から影響を受けて形成されている面
が大部分を占めている可能性が高いからです。

　また、利用者の生活は家族全体（家庭）の生活の中にあり、別個の
ものではありません。利用者が生きてきた歴史は、家族と過ごしてき
た時間の積み重ねであるともいえます。ですから、家族の歴史的な経
緯（生い立ち、生育歴、職歴、結婚、出産等を通じて育まれた家族関
係）を抜きにしては、利用者の価値観や人生観全体の理解は不可能で
あることを知っておいてください。

　さらに、お互いに影響を与え合っている家族の一員の誰かに介護が
必要となったことによって、家族構造（関係）は変化します。場合に
よっては、家族間で価値観の共有や受容が困難となり、家族間の意見
や希望に差が生まれ、残念ながら要介護高齢者の自立支援につながら
ない結果となることがあります。

　しかし、この家族間の葛藤もその家族の歴史の一部でもあります。
ケアマネジャーは、まずは家族（家族全体、利用者、家族介護者）の
歴史への共感や理解に努めるところから、支援を始めていきましょう。

第2章　家族や親族、近隣住民等とのトラブル

アドバイス

　家族システムへの理解を深めるためにも、地域の連絡会等で開催され
ている事例検討会等の事例研究の機会を有効活用しましょう。事例が困
難となる要因は、様々な要素が関連して発生するといわれています。一
人で抱え込まず、事例検討等を通じ、この問題発生のメカニズムを明ら
かにしていくプロセスは、家族理解にも役立つでしょう。

第2章　家族や親族、近隣住民等とのトラブル　　67

17　同居して面倒を見ている家族と相談して決めた計画に、他の親族が口を挟んできた

　今まで利用者や同居している家族と相談しながら支援してきました。

　脳梗塞の再発後、今までの通所介護に加えて、通所リハビリテーションを追加することにしましたが、この地域ではなかなか空きがありません。そこで、空きが出るまでの間、通所介護を増回して対応しました。すると利用者の姪が「何年経ってもサービスが変わらないのでは、介護負担の軽減にならない。ケアマネジャーを替えた方がよい。私が紹介する。」と言い出し、利用者も家族も断りきれず、契約を解除されることになりました。また、それだけではなく、その姪は「あそこのケアマネジャーは無能だ」と地域で言いふらしているようです。

　自分には落ち度はなかったように思うのですが、利用者や家族との信頼関係構築に自信がなくなってしまいました。

対応のポイント

① 　遠方に住んでいて、日頃は疎遠な家族（親族）の存在の把握とアセスメントの必要性があります。
② 　利用者本人に影響を与えるような、家族間の関係性や葛藤の分析をしましょう。
③ 　「あそこのケアマネジャーは無能だ」と言いふらしていることが事実であると確認された場合は、事業所として対応しましょう。

68　　第2章　家族や親族、近隣住民等とのトラブル

解　説

1　利用者・家族との信頼関係構築が、利用者本位の支援につながる

　ケアマネジャーが普段やり取りをする家族の多くは、同居して主に介護を担っているなど、配偶者や子、子の配偶者等の近しい親族の方だと思います。

　利用者本位の支援は、介護を実際必要とする利用者や家族に対して、ケアマネジャーのマネジメントを軸に、多職種の連携や地域社会とのつながりによって展開をしていきます。その際、ケアマネジャーからはよく見えないながらも、重要な役割を果たしている家族や親族（若しくは知人・友人・隣人等）の存在を忘れてはいけません。

　この事例では、「利用者も家族も断りきれず」とありますが、その選択をした背景・理由が存在するはずです。

　インテークやアセスメントの機会に「介護のことで頼りにできる方はいらっしゃいますか」等の問いかけをし、キーパーソンの存在について把握し、評価することが、その助けとなるでしょう。

　利用者本位の支援を展開するためには、まず、利用者、家族との信頼関係構築が第一歩となります。その際、利用者を中心に、その「つながり」を人的・物理的・心情的な側面から情報収集し、ひも解いていきましょう。

2　事業所としての取組

　「あそこのケアマネジャーは無能だ」と言いふらしている、このことが事実であると確認できた場合、経緯を説明した上で、その行為を「やめてほしい」と、相手側に伝えることになるでしょう。それでも

第2章　家族や親族、近隣住民等とのトラブル　　69

その行為がやまず、営業妨害になるような場合は、弁護士等に相談し
てみましょう。訴訟など問題がむやみに大きくならないよう、できる
限りの対応に努める必要があると思います。収束しない場合は、やは
り法的解決を図る必要があります。

　市町村には無料の法律相談窓口があります。専門家の相談窓口を積
極的に利用しましょう。

70　　第2章　家族や親族、近隣住民等とのトラブル

18　精神疾患を抱える家族の意向を捉えきれない

　利用者と同居して介護をしている妻は統合失調症と鬱病を患っており、利用者の介護について様々な提案（例えば通所介護の増量）をすると「どうせ通えない。増やしても無駄。」という発言が多く、負担になると思ったので、訪問時間を短めに切り上げたり、家族全体に変化をもたらすようなことはあまり提案しませんでした。

　妻の疾患症状に配慮しながら、利用者の在宅生活が成り立つようにしてきたつもりです。ところが最近になって「ケアマネジャーはもっとサービスを入れたり、相談に乗ってくれるものだと思っていた。あなたは使えない。」と言われてしまい、戸惑ってしまいました。

　精神疾患を抱える家族介護者の意向をどう捉えればよかったのでしょうか。

対応のポイント

① 介護をしている家族の、日々の身体的・精神的負担やその感情について把握し、ケアマネジメントに役立てましょう。
② 家族の問題が利用者の生活に及ぼしている影響について検討しましょう。

解　説

1　家族介護者の悩みやストレスの原因を知る

　介護をしている家族の悩みやストレスの状況について、その原因の

第2章　家族や親族、近隣住民等とのトラブル　　71

第1位は「家族の病気や介護」、第2位は「自分の病気や介護」としている調査結果があります（厚生労働省「平成28年　国民生活基礎調査の概況」）。

　ケアマネジャーは家族介護者の抱える様々な課題を把握する必要があります。そして、利用者がどのような状態になったときに、家族介護者が不安やストレスを感じやすくなるのか、その傾向を知ることも大切です。

　例えば、「自身の健康不安・体力の衰えを感じたとき」なのか、「仕事と介護の両立に困難が生じたとき」なのか、「自身の時間が取れないことによる社会生活上・心理上の不都合が生じたとき」なのか、「介護離職や低収入による経済面への不安が生じたとき」なのか、その理由を知ることで、ケアマネジャーやケアチームの支援の方法や在り方は変わることでしょう。

　その結果、例えば、緊急時の相談・支援体制の整備や夜間などのヘルパーの利用といった緊急時支援が必要なのか、介護者の休養や健康管理が利用者の自立支援に不可欠な要素なのか、様々な検討の方向性が見えてくることでしょう。

　また、家族の問題は要介護者の生活の質に大きな影響を与え、利用者の自立支援に多大な影響を与えますが、利用者にとっての幸せと家族にとっての幸せ（利用者本位と家族本位）に折り合いをつけることや悔いのない選択をするための支援（自己決定のための支援）をすることも、自立支援に資するケアマネジメントといえるでしょう。

2　精神疾患を抱える家族介護者への支援
　一方、家族が精神疾患を抱え（治療や）支援が必要な場合であっても、ケアマネジャーのケアマネジメントは家族そのものを支援することが目的ではありません。あくまで利用者本人への支援を的確に実施することがマネジメントの目的となりますから、ここでは、家族をサ

ポートする地域の社会資源を有効に活用し、地域で支えていく視点が有効となるでしょう。

この事例の場合、精神疾患を抱えている家族介護者の日頃の健康状態の把握はケアマネジャーの支援の範囲であろうと考えられます。健康状態の変化や悪化した場合の直接的なアプローチは、この家族の主治医や地域の保健師等による専門的見地から行われるべきです。もし、医療機関や保健福祉機関等とのつながりがなければ、適切な相談窓口へつないでいく支援が展開できるようなスクリーニングの力がケアマネジャーには求められるでしょう。

アドバイス

　ケアマネジャーは、利用者本人と家族介護者が納得した生活を選択することができるように、双方が無理をしていないか、最良の選択肢を提案できているのか、家族介護の限界についても適切に見極めをする役割もあることを忘れてはいけません。専門職として、利用者や家族に言わなければならないことを伝えることも必要な場合があるでしょう。

第2章　家族や親族、近隣住民等とのトラブル　　73

19　息子からヘルパーへのセクハラのため、入ってくれる事業所がなくなっている

> 　訪問介護事業所から、利用者の息子が介助中のヘルパーの腰や胸等を触ってくるなどのセクハラをするので、これ以上サービスの提供は継続できないため、契約を解除したいと連絡がありました。
>
> 　これまでも同様のトラブルで他社から契約を解除されており、他に入ってくれる事業所がなく困っています。
>
> 　何か良い対応方法はないでしょうか。

対応のポイント

①　ケアマネジャーとして、利用者の権利擁護に視点を置いた支援を行いましょう。
②　利用者が自立した日常生活を営む上で必要なサービスを継続的に利用できるよう、サービス調整者としての役割を再確認し、サービスの継続に向けた支援を目指しましょう。
③　事実関係の確認を行う必要がありますが、地域ケア会議等を活用し、地域で支える視点を持ちましょう。その際は個人情報の取扱いに十分留意しましょう。

解　説

　この事例では、ケアマネジャーは個人情報に配慮した事実確認の後、利用者の意向を基に訪問介護事業所と息子のそれぞれと協議してセク

ハラの再発予防策を検討した上で、訪問介護事業所と連携してサービス継続に向けて最大限の努力をします。それでもサービスの継続が難しい場合は、サービス担当者会議や地域ケア会議等での検討・調整や、地域の社会資源を活用するなど、利用者にとって必要な支援の提供や継続に向けたケアマネジメントを展開しましょう。

1 権利擁護に視点を置いた支援の確認

介護保険法81条において「指定居宅介護支援事業者は、要介護者の人格を尊重するとともに、この法律又はこの法律に基づく命令を遵守し、要介護者のため忠実にその職務を遂行しなければならない。」と定められており、法の遵守が求められています。

その実現のために、ケアマネジャーは、常に最善の方法を用いて利用者の利益と権利を擁護します。利用者の置かれている環境や心身の状況等を的確に把握するとともに、利用者が望む自立した生活を支援するために、情報の収集や関係機関との連絡調整をし、社会資源の活用のために情報を提供します。

その際、ケアマネジャーとしての専門的知識や技術によって、利用者の生活上の課題や原因を明らかにし、その解決のための方法や手段について、利用者の立場に立って情報提供を行い、利用者が「自己決定」できるように支援することこそが、権利擁護の基本となるものです。またケアマネジャーは自己の意思決定を表現できない利用者への支援の際は、利用者に代わって代弁機能（アドボケイト）を発揮することも必要です。

2 自立した日常生活を営むのに必要なサービスの調整

ケアマネジャーは、利用者が自立した日常生活を営むことができる

ために、その心身の状況に応じたサービスを利用できるようサービス提供事業者と連絡調整を行う調整者としての役割があることを再確認しましょう。ケアマネジャーの業務は、次のような法的根拠に基づき厳格に定められています。

(1)　介護保険法による定め

介護保険法7条5項では、「「介護支援専門員」とは、要介護者又は要支援者（以下「要介護者等」という。）からの相談に応じ、その心身の状況等に応じ適切なサービスを利用できるよう市町村、居宅サービス事業を行う者等との連絡調整等を行う者であって、要介護者等が自立した日常生活を営むのに必要な援助に関する専門的知識及び技術を有するものとして第69条の7第1項の介護支援専門員証の交付を受けたものをいう。」とされています。

(2)　居宅介護支援事業運営基準による定め

「指定居宅介護支援等の事業の人員及び運営に関する基準について」（平11・7・29老企22）では「利用者の自立した日常生活の支援を効果的に行うためには、利用者の心身又は家族の状態等に応じて、継続的かつ計画的に居宅サービスが提供されることが重要である。介護支援専門員は、居宅サービス計画の作成又は変更に当たり、継続的な支援という観点に立ち、計画的に指定居宅サービス等の提供が行われるようにすることが必要であり、支給限度額の枠があることのみをもって、特定の時期に偏って継続が困難な、また必要性に乏しい居宅サービスの利用を助長するようなことがあってはならない。」とされています。

3　「個人情報の取扱い」について

この事例では、訪問介護事業所及びセクハラの加害者とされる息子の双方からヒアリングによる事実確認を行うことから支援を開始します。事実確認を行う際は、双方の個人情報に留意した対応が求められ

るでしょう。

　ですから、必ず事前に相談者である事業所の了解を得ることが必要となりますし、ヒアリングの趣旨と目的をきちんと説明した上で、事実関係の確認のためであること、プライバシーを守り秘密は厳守することを伝えてからヒアリングを行う必要があります。

【事実確認のポイント】

・相談や苦情の対象となっている行為はあったか

・実際には、どのような行為だったか。いつ、どこで起きたか

・なぜ、そのような行為を行ったか

などありのままを話してもらうようにしましょう。

　なお、介護保険法69条の37において「介護支援専門員は、正当な理由なしに、その業務に関して知り得た人の秘密を漏らしてはならない。介護支援専門員でなくなった後においても、同様とする。」と定められています。

　ケアマネジャーは、正当な理由なしに、その業務に関し、知り得た利用者や関係者の秘密を漏らさぬことを厳守します。ケアマネジメントの過程で得た利用者や家族の個人情報を、利用者の了承なく不必要に外部に漏らすことは、決してあってはなりません。これは、ケアマネジャーとしての業務を行っている間も、またケアマネジャーとしての業務を終えた後においても、守らなければならない極めて重要な職業倫理です。これは、ケアマネジメントプロセスにおける全てに当てはまります。

　このように個人情報の取扱いにくれぐれも注意を払った上で、再発防止のために地域ケア会議等において、共通の地域課題として課題解決に向けた検討が図られるような働きかけを是非実施してほしいと思います。

第2章　家族や親族、近隣住民等とのトラブル　　77

> ### アドバイス
>
> 　居宅サービス事業運営基準9条では「指定訪問介護事業者は、正当な理由なく指定訪問介護の提供を拒んではならない」と定められています。
> 　サービスの継続に向けて努力を行った上で、正当な理由によりやむを得ず事業者が契約を解除せざるを得ないと判断した場合であっても、契約書に定められた合理的な予告期間をおいて通知を行うなど、適切な手続を取る必要があります。その間に必要なサービスが確保できるよう調整を図りましょう。

78　　第2章　家族や親族、近隣住民等とのトラブル

20　海外在住の家族が帰国時に大量の苦情・要望を主張し、そのまま帰国してしまう

> 　担当している一人暮らしの利用者の家族は海外に住んでおり、年に数回帰国します。
> 　帰国時に毎回ケアマネジャーやサービス提供事業所に対して、大量の苦情・要望を一方的に言い、具体的な解決策については話し合わないまま帰国してしまうため、支援チームは混乱してしまいます。
> 　何か良い対応方法はないでしょうか。

対応のポイント

① 　苦情や要望の内容やその原因はどこから発生しているのか確認し、利用者や家族を含めたチームで共有しましょう。その際、利用者や家族が介護サービスについて正しい理解ができているか再確認しましょう。

② 　海外に在住するなど、日頃からコミュニケーションが取りにくい家族に対しては、適切に情報の共有やコミュニケーションが図られるような工夫をしましょう。

解　説

1　「苦情への対応」と「説明責任」

　居宅介護支援事業所をはじめとしたサービス提供事業所は、苦情受付窓口を設置し、苦情受付担当者、苦情解決責任者を定めなくてはな

第2章　家族や親族、近隣住民等とのトラブル　　　79

りません（居宅介護支援事業運営基準26、居宅サービス事業運営基準36）。

　「指定居宅介護支援等の事業の人員及び運営に関する基準について」
（平11・7・29老企22）の第2・3(17)では「利用者の保護及び適切かつ円
滑な指定居宅介護支援、指定居宅サービス等の利用に資するため、自
ら提供した指定居宅介護支援又は自らが居宅サービス計画に位置付け
た指定居宅サービス等に対する利用者及びその家族からの苦情に迅速
かつ適切に対応しなければならないこととしたものである。具体的に
は、指定居宅介護支援等についての苦情の場合には、当該事業者は、
利用者又はその家族、指定居宅サービス事業者等から事情を聞き、苦
情に係る問題点を把握の上、対応策を検討し必要に応じて利用者に説
明しなければならないものである。」としています。

　次に、苦情や要望の原因の一つに、介護保険制度や介護サービスが
正しく理解されておらず誤解が生じていることを理由として、様々な
苦情や要望につながっている場合があることを忘れないようにしまし
ょう。

　介護保険制度の仕組みは複雑で、十分な説明を行ったつもりでも、
利用者や家族は必ずしも正しく理解できない状況のままでサービスを
利用したために、苦情となる場合があるものです。そのためケアマネ
ジャーは利用者や家族に対し、口頭だけでなく書面や画像等による説
明を併せて行うなど、分かりやすく説明することが必要となります。
正しい理解ができた上で、適切な制度利用ができるようになります。

　また、利用者や家族に対して、できるだけ初回面接時点から居宅サ
ービス計画（ケアプラン）立案に参画してもらうことに努め、サービ
ス担当者会議への参加を経て、今後目指すべき目標・方向性、具体的
な支援の内容を一緒に確認した上で、介護サービスを利用開始するこ
とを利用者自身が決定することができるように支援しなければなりま
せん。

ケアマネジャーは、介護保険制度の動向を含め、自己の作成した居宅サービス計画原案や提供された保健・医療・福祉のサービスについて、利用者や家族に具体的で分かりやすい表現を用いて、適切な方法で説明する責任があることを再確認しましょう。

　介護サービスは、利用者と事業者との契約によって提供されるものですが、公的な保険であるため、サービスの質を一定の水準で確保する必要があります。苦情・要望に対して支援やサービス提供上の問題点を把握し、真摯に対応することがサービスの質の向上につながる側面もあります。ケアマネジャー及び介護サービス提供事業者は、利用者、家族からの苦情をサービス改善の契機として捉え、積極的にサービスの質の維持・向上に活かす視点を持ちたいものです。

　また、この事例では家族が大量の苦情・要望を主張していますが、一方でその後の改善策を家族に説明する機会や場が設けられていません。そのことが毎回の苦情や要望につながっている可能性があるかもしれません。

　ケアマネジャーは利用者や関係者の意見・要望、そして苦情を真摯に受け止め、苦情に係る問題点を的確に把握し、適切かつ迅速に、再発防止及び改善のための対応策について介護サービス提供事業者と共に検討を行い、苦情申出をした利用者、家族等に丁寧に説明する必要があるでしょう。

2　日頃からのコミュニケーションが信頼関係につながる

　高齢者の心身の状態は日々変化します。この事例のように利用者と家族が離れて暮らす場合には、家族が状況を把握しにくいことから、苦情や要望につながっている可能性が考えられます。ケアマネジャーは日頃から家族と十分なコミュニケーションを図り、利用者の心身の状態やサービス提供の状況、今抱えている課題などについて、情報共

第2章　家族や親族、近隣住民等とのトラブル　　81

有しておくことが必要です。そうすることで信頼関係や安心感のある関係作りにつながり、誤解や不信感が招く苦情や要望を未然に防ぐことが可能となるでしょう。

　家族との連絡方法として電話連絡が一般的かと思いますが、利用者の家族が海外で暮らしている場合、時差があるため電話連絡が良いとは一概にはいえません。また、国内で生活されていても、仕事や家庭の事情で電話による連絡がなかなか上手くいかないこともあるでしょう。そのようなときの連絡方法としては、メールでの連絡が有効となります。メールは時差があってもお互いの都合の良い時間で送ることができます。また文章でやり取りするため、記録として残すこともできます。他にも情報提供を様々なデータ等で送ることができるため、海外にいても、電話での連絡が困難な場合でも、スムーズな情報共有が可能となります。

　海外に限らず遠方で暮らす、あるいは直接会って話をすることが難しい家族については、上記に加え、インターネットを活用したスカイプ通話やラインカメラ等の様々なツールを活用し、コミュニケーションを図る工夫が有効なこともあるでしょう。

　利用者が独居であったり、高齢者世帯でいわゆる老老介護・認認介護（認知症の人が認知症の人を介護している状態）等で、緊急時の対応についてどのような対応がどのような手順で行われるのかをあらかじめ話し合い、チームで共有し文書化しておくことも重要でしょう。その際は、成年後見制度の活用や地域の防災ネットワークの活用等、適切な社会資源の活用についても協議し、利用できるように手立てを整えることもケアマネジャーとして見落としてはならないことです。

82　　第2章　家族や親族、近隣住民等とのトラブル

21　利用者のお金を管理している家族が、介護サービス利用料を支払ってくれない

　担当している利用者の認知症が進行し、お金の管理が難しくなったため、家族がお金を管理するようになりました。

　しばらくして、利用しているデイサービス事業所から、「介護サービスの利用料を再三請求しているにもかかわらず、家族が支払ってくれずに困っている」と相談がありました。ケアマネジャーからも支払ってもらうように家族に伝えましたが、支払われず困っています。

　何か良い対応はないでしょうか。

対応のポイント

① 利用者にとって最適なサービスが継続利用できることを主眼に、支援しましょう。

② 経済的虐待の可能性について事実確認の必要があります。

③ 状況に応じた金銭管理の方法について検討を行いましょう。

解　説

1　利用者の権利擁護

　この事例の場合、このまま介護サービス利用料を滞納し続けると、デイサービス事業所から契約を解除される可能性があります。ケアマネジャーの適切なアセスメントを基にケアプラン原案を作成し、サービス担当者会議を経て、利用者、家族の合意形成後に開始したサービ

第2章　家族や親族、近隣住民等とのトラブル　　83

ス利用が、利用料の滞納によって継続できなくなってしまうことは、利用者にとって不利益になります。本来利用者のために使われるべきお金が利用者のために使われずに、必要なサービスが使えなくなることは、ケアマネジャーの権利擁護機能が発揮できているとはいい難い状況です。常に最善の方法で、利用者の利益と権利を擁護する必要があることを再確認しましょう。

　日本介護支援専門員協会の「介護支援専門員　倫理綱領　解説」によると、「ケアマネジャーは、利用者の置かれている環境や心身の状況等を最善の方法を用いて的確に把握するとともに、利用者が望む自立した生活を支援するために、各種情報の収集や関係機関との連絡調整を行い、社会資源の活用情報等を利用者に提供し、活用の支援をします。その際、社会資源の活用においては、利用者の「自己決定」によって判断することができるように支援することこそが、権利擁護の基本となるものです。さらに、ケアマネジャーは自己の意思決定を表現できない利用者の場合は、利用者に代わって、アドボケート（代弁・擁護者）機能を活用することが必要です」とあります。

　利用者にとって最適なサービスの利用が継続できるように、支援を再構築しましょう。

2　事実確認―経済的虐待の可能性

　利用者のお金を管理している家族に対し、なぜ利用料が支払えないのか、利用者のお金が適切に管理できているか事実確認する必要があります。家族の状況を確認し、いくら支払うことができるか等の経済的な状況を改めて確認し、今後のサービスの継続について協議を行わなくてはいけません。

　家族が無断で利用者のお金を使ってしまっていた場合、「高齢者虐待の防止、高齢者の養護者に対する支援等に関する法律」の「養護者

84　　第2章　家族や親族、近隣住民等とのトラブル

又は高齢者の親族が当該高齢者の財産を不当に処分すること、その他当該高齢者から不当に財産上の利益を得ること」に該当し（高齢虐待2④ニ）、経済的虐待が疑われます。その場合、市町村・地域包括支援センターへの通報努力義務が生じます（高齢虐待7①②）。

　ケアマネジャーは高齢者や養護者と接する機会も多いことから、高齢者の身体面や行動面での変化、養護者の様子の変化などを専門的な知識を持って常に観察することが重要です。高齢者や養護者に虐待が疑われるサインが見られる場合は、積極的に相談に乗って問題を理解するとともに、一人で問題を抱え込まずに速やかに市町村や地域包括支援センターと連携、協働するようにします。また、できる限り高齢者や養護者が自ら地域包括支援センターに連絡するように働きかけることも重要です。虐待は、当事者が問題に気づくことが重要であり、このことによってその後の援助の内容も大きく変わってきます。ケアマネジャーや介護保険サービス事業所の職員には、このような形でも高齢者や養護者を支援する役割があります（高齢虐待5）。

3　状況に応じた金銭管理方法の検討

　この事例において、事実確認の結果として、利用者の家族が金銭管理を適切に行うことが難しいとケアマネジャーが判断した場合、本人の日頃の金銭管理や、財産を守るための制度の活用を検討する必要があります。具体的な方法としては、日常生活自立支援事業や成年後見制度の利用を提案することを検討しましょう。

> 「日常生活自立支援事業」とは
> 　高齢や障害により、一人では日常の生活に不安のある方が地域で安心して生活が送れるよう、社会福祉協議会（以下、「社協」）が本人との契約に基づき、福祉サービスの利用援助を中心に、日常的な金銭管

第２章　家族や親族、近隣住民等とのトラブル　　85

理や重要書類等の預かり・保管などの支援を通して、高齢者や障害の
ある方等の権利擁護を図ることを目的とした事業です。

　利用対象は、軽度の認知症や知的障害、精神障害などにより判断能
力が十分でない方です。「自分一人で福祉サービスの利用手続をする
ことに不安がある方」や「預金の出し入れや公共料金の支払、重要書
類の保管を一人で行うことに不安がある方」で、契約締結能力を有し
ていることが条件となります。

（※）　認知症の診断を受けていない方や障害者手帳を取得していない
　　方も含みます。

　サービス内容は、①福祉サービス利用援助（福祉サービスの利用に
関する情報の提供・相談、契約の手伝い、苦情解決制度の利用手続の
援助、郵便物の確認、住宅改造や居住家屋の賃借に関する情報提供・
相談、商品購入に関する簡易な苦情処理制度（クーリングオフ制度等）
の利用手続、住民票の届出等の行政手続）、②日常的金銭管理サービス
（福祉サービスや医療費の利用料金、税金や保険料、公共料金、家賃
の支払手続、年金や福祉手当の受領に必要な手続）、③書類等預かりサー
ビス（年金証書、預貯金通帳、権利証、実印などの書類預かり）が
あります。

　さらに、所得に応じて利用料がかかります（日常的金銭管理サービ
スは、生活保護世帯・市県民税非課税世帯には減免措置があります。）
ので、ご注意ください。

（内閣府ホームページ（https://www.cao.go.jp/consumer/iinkai/2016/
　225/doc/20160614_shiryou2_6_2.pdf（2019.8.1））をもとに作成）

「成年後見制度」とは

　認知症や障害などにより、判断能力が十分でない方が必要な契約を
結べなかったり、自身に不利益な契約を結んでしまったりする場合に
備えて、家庭裁判所（以下、「家裁」）が選んだ成年後見人、保佐人、
補助人（以下、「後見人等」）が、本人に代わって福祉サービスの利用

契約などを行ったり、不動産や預貯金などの財産管理をする仕組みです。

成年後見制度には、法定後見制度と任意後見制度の二つの制度があります。

利用については、認知症や知的障害、精神障害などにより判断能力が十分でない方が対象になります。判断能力についての医師の診断書等（場合により鑑定や本人との面接の結果等）を総合的に検討して、家裁が「後見」「保佐」「補助」の三つのいずれに該当するかを決定します。

家裁によって選ばれる後見人等は、親族のほか、弁護士・司法書士・行政書士・社会福祉士などの専門職や社協等の法人が選ばれることもあります。また、後見人等が複数選ばれることもあります。後見人等は本人の意思を尊重し、心身の状態や生活状況に配慮しながら、その権限に応じて代理権、同意権・取消権などを用いて支援を行います。
代理権…本人に代わって契約や申請を行ったり、そのために必要な財
　　　　産を管理します。
同意権・取消権…本人にとって不利な契約には同意をしないことや、
　　　　　　　　既に不利な契約を結んだ場合は取り消すことにより本
　　　　　　　　人の利益を保護します。
（※）　同意権・取消権は日用品の購入などを除きます。

後見人等の主な職務は、①財産管理（預金通帳や権利証などの保管、収入・支出の管理、遺産相続の手続）、②身上監護（借家の契約と費用支払・医療機関への入院や施設入居などの契約と費用の支払、福祉サービスの契約、費用の支払、生活の見守り、契約履行の監視など）があります。

（内閣府ホームページ（https://www.cao.go.jp/consumer/iinkai/2016/225/
　doc/20160614_shiryou2_6_2.pdf（2019.8.1））をもとに作成）

利用者の最善利益を追求するために、これらの事業や制度を理解し、活用していきましょう。

第2章　家族や親族、近隣住民等とのトラブル　　　87

22　認知症が進行していることについて、近隣住民が心配し、自宅生活の継続が困難になった

　私が担当している利用者は一人暮らしをしており、数年前に認知症の診断を受け、治療をしています。

　最近になり、認知症の進行から物忘れが目立つようになりました。そのため、近所の住民から「このまま家に置いておいて大丈夫か」と心配する意見が出て、自宅での生活を続けることが難しくなっています。

　何か良い対応はないでしょうか。

対応のポイント

① 　ケアマネジャーとして、利用者の望む生活の実現のため、住み慣れた地域で暮らすことができるよう、社会資源の活用について再アセスメントの必要があります。

② 　その上で、地域ケア会議の活用等、地域包括ケアの視点からも支援する必要性について、再確認しましょう。

③ 　利用者の人権を守り、自立した生活の支援が必要です。

④ 　地域住民に対して、認知症の正しい理解をしてもらえるよう働きかけを試みましょう。

解　説

1　再アセスメントのタイミング

　数年前から認知症の診断を受け治療をしてきたところ、最近物忘れが目立つようになってきたということは、記憶力の低下が日常生活の

様々な場面に影響していたものの、一人暮らしではなかなか表面化していなかった生活上の綻びが、いよいよ近所の方にも伝わるような段階になった、ということだと思われます。また、このことは、ケアマネジャーが把握はしていなかったけれど、今までは近所の方が見守りつつ、様々な支援をしてきたからこそ、一人暮らしが継続できていたことの表れなのかもしれません。

　担当のケアマネジャーは、そうした近所の住民からの声を、非難や苦情として受け止める、というよりは、まずは声を上げてくれたことについて感謝を伝え、利用者のどのような状況が「家に置いておいて大丈夫か」という心配につながっているのか聞き取りをする等、改めて再アセスメントを始めてみましょう。もし今まで関わりを持っていないのであれば、地区担当の民生委員や自治会の役員、近隣にお住まいの方々と顔の見える関係を作り、ケアチームの一員となってもらうチャンスでもあります。

　そして、サービス提供事業者や医療機関の担当者にも協力を求めた上で、ケアマネジャーとして再アセスメントを実施し、認知症の症状が進行しても自宅で生活が継続できるような社会資源の活用について、インフォーマルサービスも視野に入れたケアプランを再作成してみましょう。ケアプラン原案について検討するサービス担当者会議には、ケアプランに位置付けたフォーマルサービスだけではなく、インフォーマルサービスの支援者にも是非参加してもらいましょう。

2　地域包括ケアの推進

　この事例では、認知症高齢者が住み慣れた自宅で生活し続けることをテーマに地域ケア会議に取り上げてもらうことも検討してみましょう。

第2章　家族や親族、近隣住民等とのトラブル　　89

　ケアマネジャーは、利用者が地域社会の一員として地域での暮らしができるよう支援し、利用者の生活課題が地域において解決できるよう、他の専門職及び地域住民との協働を行い、地域包括ケアを推進する役割が求められています。

　介護保険法115条の46に「地域包括支援センターは、第一号介護予防支援事業（居宅要支援被保険者に係るものを除く。）及び第115条の45第2項各号に掲げる事業（以下「包括的支援事業」という。）その他厚生労働省令で定める事業を実施し、地域住民の心身の健康の保持及び生活の安定のために必要な援助を行うことにより、その保健医療の向上及び福祉の増進を包括的に支援することを目的とする施設とする。」と定められているように、高齢者が住み慣れた地域で、できる限り継続して生活が送れるように支えるためには、個々の高齢者の状況やその変化に応じて、介護サービスを中核として、多様な支援を継続的・包括的に提供する仕組みが必要となります。

　しかしながら、高齢者の地域での生活は、介護保険制度をはじめとする各種制度による公的サービスだけで支えられるものではありません。近隣住民や各種専門機関、住民組織と連携した協働のアプローチも必要です。また、在宅サービスの調整のみならず、在宅サービスと施設サービスの連続性・一貫性の確保など、様々なサービスを継続的かつ包括的に提供していくことが不可欠といえます。地域包括ケアの実施に当たっては、利用者の自立支援を基本にしながら、介護保険によるサービスを中心としつつも、各種専門職や専門機関相互の連携、あるいはインフォーマルな活動等を含めて、地域の様々な社会資源を統合・ネットワーク化することで、高齢者を継続的かつ包括的にケアすることが重要だということです（一般社団法人日本介護支援専門員協会「介護支援専門員　倫理綱領　解説」）。

3 利用者の人権を守り、自立した生活を支援すること

　ケアマネジャーとして人権を守る意識も重要です。日本国憲法13条には、「すべて国民は、個人として尊重される。生命、自由及び幸福追求に対する国民の権利については、公共の福祉に反しない限り、立法その他の国政の上で、最大の尊重を必要とする。」と定められています。たとえ認知症になっても、一人の人間として認められ、虐げられる存在ではないという理解の下、支援をする必要があります。例えば、認知症になっても本人が望めば、住み慣れた家で暮らし続ける権利があるわけで、ケアマネジャーとしてそれをどのように支援すれば実現できるかを考えることが求められているわけです。

　また、介護保険法1条には、「この法律は、加齢に伴って生ずる心身の変化に起因する疾病等により要介護状態となり、入浴、排せつ、食事等の介護、機能訓練並びに看護及び療養上の管理その他の医療を要する者等について、これらの者が尊厳を保持し、その有する能力に応じ自立した日常生活を営むことができるよう、必要な保健医療サービス及び福祉サービスに係る給付を行うため、国民の共同連帯の理念に基づき介護保険制度を設け、その行う保険給付等に関して必要な事項を定め、もって国民の保健医療の向上及び福祉の増進を図ることを目的とする。」と定められています。ケアマネジャーは、その任務の遂行を通して関わる全ての人の基本的人権を最大限に尊重し、いかなる場面においても、その人の人格を傷つけたり権利を侵害してはなりません。また、国籍、性別、年齢、障害、宗教、文化的背景、社会経済的地位にかかわらず、利用者は全てかけがえのない存在として尊重されなければなりません。その上で、利用者が置かれている状況を把握し、残存機能の活用やエンパワーメントの視点等も考慮し、利用者個人の有している能力に応じて、必要な支援を展開する視点を忘れてはなり

ません。利用者が自立し、安心して生活を営むことができるように自己決定を尊重しながら、自立支援の目標に向かい支援していきます。

4 認知症の人も地域住民も安心して暮らせるまちづくり

　この事例では、利用者本人の認知症が進んでいくことによって、日常生活に様々な支障が生じることに対しての地域住民の不安から、在宅生活の継続が危ぶまれています。このような場合、ケアマネジャーとして、地域住民に対し認知症についてどのような点を不安に感じているか確認することが必要となります。また、個人情報に留意した上で、利用者の認知症の容態に応じた適時適切な医療・介護が提供されているかどうかの状況や、行動・心理症状（BPSD）や身体合併症等への適切な対応などの情報共有を図り、不安の解消に努めましょう。

　地域住民に対して認知症について正しい理解を深められるように働きかけることで、認知症の本人も地域住民も安心して暮らせるまちづくりが可能となります。認知症の人の意思が尊重され、できる限り住み慣れた地域の良い環境で自分らしく暮らし続けることができるようなまちづくりの取組に、ケアマネジャーとしても是非関わっていきましょう。

92　　第2章　家族や親族、近隣住民等とのトラブル

23　隣人が緊急連絡先を引き受けてくれていたのに、撤回されてしまった

> 　一人暮らしの利用者の緊急連絡先をこれまで引き受けてくれていた隣人より「何かあったときに自分には対応することはできない」と撤回されてしまいました。身寄りのない方なので他に連絡先がなく困っています。
> 　何か良い対応方法はないでしょうか。

対応のポイント

① ケアマネジャーとして、緊急連絡先の役割について再確認しましょう。
② 成年後見制度や民間の保証人制度などの利用について検討しましょう。

解　説

1　緊急連絡先の選定

　緊急連絡先というのは在宅生活において、何らかの変化や事故などトラブルが発生した場合に、問題を知らせるために利用する連絡先を指します。一般的には利用者のことを理解していて、事態の解決に協力ができて、連絡がつきやすいことが緊急連絡先にはふさわしいといわれています。

　この事例の場合、利用者には身寄りがないため、これまで隣人が緊急連絡先を引き受けてくれていましたが、隣に住んでおり、要介護状

第2章　家族や親族、近隣住民等とのトラブル　　93

態の利用者のことをよく理解してもらっているとはいえ、何かあったときの解決に協力をお願いすることについては負担感が大きかった可能性があります。先方より「撤回したい」と申出があったことから、近所付き合いなどの関係性を考慮すると、今後緊急連絡先をお願いすることは難しいのかもしれません。ケアマネジャーとして、緊急連絡先としてその役割を担うのにふさわしい誰かを見つけることが必要です。

2　成年後見制度などの利用

　この事例の場合、利用者に身寄りがないことから緊急連絡先を含め、この先施設入所の契約が必要となった場合などには身元保証人も必要になることも予測がつきます。利用者が認知症や精神障害などにより判断能力が十分でなくなったときのために、成年後見制度などの利用についても検討しておくとよいと思われます。成年後見制度の仕組みは事例21でも述べたとおりです。成年後見人に身元保証人や緊急連絡先をお願いする場合は、別途の契約によって内容が決まるため契約内容を確認する必要があります。また、民間の身元保証などを行う団体が、緊急連絡先を担い、身元保証人を引き受けてくれる事業などがありますので、利用を検討するとよいでしょう。

アドバイス

　例えば、当該市町村における避難行動要支援者支援制度の登録者であれば、緊急連絡先の記載の可能性があります。この制度は、関係部署が把握している要介護高齢者や障害者等の要介護状態区分や障害支援区分、家族の状況等を考慮した上で避難行動要支援者の要件を設定し、名簿を作成した上で、避難支援等担当者間で共有する取組です。地域の特

性や実情を踏まえ、名簿情報に基づいて、当該市町村又は民生委員等コーディネーターが中心となって、具体的な避難方法について個別計画を策定することが求められています。発災時には、この名簿を基に避難支援や安否確認実施等の対応をしていくことになります。

この機会に是非地域の状況を把握し、必要に応じて関係機関につなげてみてはいかがでしょうか。

第2章　家族や親族、近隣住民等とのトラブル　　95

24　近隣住民や利用者の友人・知人から利用者の個人情報の開示を求められた

　普段付き合いのない民生委員が、急に事務所に訪ねて来て、「〇〇地区の民生委員です。Aさんのことで地域住民が心配している。こちらの車が本人宅前に停まっていると聞いた。情報を教えてほしい。」と言われました。

　また、利用者の友人・知人を名乗る人から電話で「利用者のことで話を聞きたい」と問合せがありました。

　このようなとき、どう対応したらよいのでしょうか。家族や親族が身近にいない利用者の場合、インフォーマルな関係が大切なことは理解しているのですが、一体どうすればよいのか分かりません。

対応のポイント

① 　基本的な個人情報保護の考え方については、統一した対応が図れるように、事業所で確認しておきましょう。
② 　第三者へ個人情報を開示する場合の原則や例外について、押さえておきましょう。
③ 　個人情報の保護と権利擁護の関係性について、整理できるようにしましょう。

解　説

1　医療・介護関係事業所における個人情報の適切な取扱い

　個人情報保護法については、平成27年度改正により小規模取扱事業

所にも法律が適用されています。居宅介護支援事業所の個人情報の取扱いについては「医療・介護関係事業者における個人情報の適切な取扱いのためのガイダンス」（平29・4・14個情534・医政発0414第6・薬生発0414第1・老発0414第1）が参考になります。

(1) 個人情報保護法による定め

個人情報保護法15条1項では「個人情報取扱事業者は、個人情報を取り扱うに当たっては、その利用の目的〔中略〕をできる限り特定しなければならない」と定め、16条1項において「個人情報取扱事業者は、あらかじめ本人の同意を得ないで、前条の規定により特定された利用目的の達成に必要な範囲を超えて、個人情報を取り扱ってはならない」と定めています。

本人の同意については、「医療・介護関係事業者における個人情報の適切な取扱いのためのガイダンス」において、「書面の受領」のほか、内容や緊急性などによって「口頭による意思表示」も認められることが説明されています。

(2) 個人情報使用同意書

一般的に、居宅介護支援事業所は契約書と重要事項説明書と共に、個人情報使用同意書を得ることになります。個人情報使用同意書には利用目的・使用の範囲・使用する情報等が記載されます。

現在独居高齢者数は年々増加しており、この事例のような相談も珍しくはありません。今後民生委員等との連携が予測されるならば、個人情報の同意を得る際に、あらかじめ使用の範囲に入れておくことも一つの方法です。ただし、その場合でも本人が同意しなければ民生委員等と連携した個人情報の取扱いをすることはできませんので、ご注意ください。

2　第三者への情報提供

前述のとおり、あらかじめ個人情報使用同意書の使用範囲に民生委

第2章　家族や親族、近隣住民等とのトラブル　　97

員等が入っている場合はよいのですが、入っていない場合はどうでしょう。

　個人情報保護法は本人の同意を原則としていますが、同法16条3項3号において「人の生命、身体又は財産の保護のために必要がある場合であって、本人の同意を得ることが困難であるとき」は、本人の同意を得る必要がないとの例外を示しています。この事例はここが焦点となります。

　生命の危険がある、消費者被害に遭っているようだ、という情報を地域住民や民生委員が把握しているにもかかわらず、個人情報保護という理由で「情報はお伝えできません」と断ってしまえば、利用者を護るどころではなく、手遅れになる可能性もあります。まずは、なぜ民生委員が心配しているのかの理由を確認しましょう。順番としては以下の順になります。

① 　民生委員に具体的な理由を確認する
② 　民生委員への情報提供について、本人の同意を得る（内容によっては口頭でも可）
③ 　本人の同意は得られないが、明らかに生命や財産侵害が危ぶまれる場合、第三者（市町村や地域包括支援センター）へ相談しながら対応を検討する

　民生委員は特別職の地方公務員であり、民生委員法15条に守秘義務が規定されており、市町村との連携が取りやすい立場であるといえるでしょう。ただし、民生委員は特別職である一方、地域住民でもあります。「あの民生委員は昔から知っているから嫌だ」という場合もあるかと思います。その場合は、積極的な情報提供は難しくなりますが、見守りなどの協力をお願いしていくことになるかと思われます。

3 個人情報保護と権利擁護を踏まえたインフォーマルな支援の活用

　繰り返しになりますが、個人情報の取扱いについては、本人同意が原則になります。民生委員だけでなく、同意を得ない状況での友人・知人への情報開示もできません（明らかに生命や財産侵害が危ぶまれる場合を除きます（個人情報16③）。）。なぜ情報を得たいのかの理由を確認した上で、必要があれば利用者の同意を得ることになります。

　ただし、友人・知人の名前を騙って情報を得ようとする消費者被害の報告もあります。インフォーマルな資源として、地域の力はとても大きいものですが、たとえ友人・知人を名乗り、実在する人物だとしても、利用者にも連絡先を確認し、連絡先を照らし合わせるくらいの配慮は必要かと思われます。

　最後に、本人の同意を得て第三者へ情報を提供した場合には、必ずその経過について記録を残してください。

アドバイス

　在宅生活においては、個人情報保護法の原則を理解しながらも、本人の権利を守らなければならない場合があります（災害・疾病・財産被害等）。

　悩んだときには市町村や地域包括支援センターなどの機関と相談しながら、緊急性の判断を見誤らないようにしましょう。

第2章　家族や親族、近隣住民等とのトラブル　　99

25　訪問時の駐車に関して地域住民から苦情が出た

　社用車で自宅訪問時、駐車場を持たない利用者宅前に路上駐車したところ、近隣住民から苦情を寄せられてしまいました。
　事務所から徒歩や自転車で通うには距離がありすぎて、車で訪問をしないわけにはいきません。
　どうしたらよいのでしょうか。

対応のポイント

① 　自動車以外の手段や駐車できる場所がないか等、事業所内で検討するとともに、地域包括支援センターなどからも情報を得ていきましょう。
② 　苦情内容を確認し、地域の問題として働きかけられないか検討してみましょう。
③ 　駐車許可について、公的機関へ相談することも一つの方法です。

解　説

1　代替手段の検討

　まずは事業所内で情報共有を行い、対応を検討しましょう。過去に同様の苦情があった際に、どのような対応をしたか、有料駐車場や原動機付自転車の使用などの対応ができるかどうかは、それぞれの事業所で確認すべき事項だと思われます。

また、同様の悩みを、地域の介護事業所が抱えている可能性があります。地域情報などを地域包括支援センターへ確認することで、車の置き場や工夫等の情報が聞ける場合もあります（例：近くの公民館に話をしておくと、一定時間なら車を置かせてくれる等）。介護事業所の連絡会等で、情報共有を図っている地域もあるようです。

2　地域への働きかけ

苦情内容に誠実に対応することも重要です。例えば、利用者宅前に駐車することで「近隣の方の車が出しにくくなっている」「道路が狭くなり、車が通りにくくなっている」ということであれば、苦情も当然となります。また、「車の中で記録を書くためにアイドリングをしている」「タバコを投げ捨てている姿を見た」といったマナー違反に対する苦情もあります。苦情内容によっては、事業所の質を向上させるために大切なものもありますので、特に管理者においては苦情の内容を正確に把握するようにしてください。

一方で、苦情内容が事業所単位ではなく、地域の課題となっている場合があります。車を置けないことで、利用者への支援に支障が出るような場合は、市町村や地域包括支援センターが主催する地域ケア会議（介保115の48）において、地域住民にも参加を促し、地域の課題として問題解決を図っていきましょう。働きかけの結果として、公営住宅の空き駐車場を福祉車両用として活用した例もあります。

3　警察署への駐車許可申請

都道府県による違いはありますが、介護関係事業者の車両が路上駐車する場合に、個々の申請により駐車許可証が発行される場合もあります。それぞれの条件等については、所轄の警察署へご確認ください。

第2章　家族や親族、近隣住民等とのトラブル　　101

　ただし道路交通法では、パトカーなどの緊急車両であっても、交差点や歩道などの法定駐車禁止場所では駐車違反が適用されますから、駐車許可を得ればどこに停めてもよいということにはなりませんので、その点はご注意ください。

アドバイス

　駐車場事情は都心部や地方など、地域の状況によって様々です。事業所単位で対応できる課題か、地域を巻き込んで検討していく課題かを見極めて検討していきましょう。

26 自宅で看取る方針で支援していたが、家族の留守中の急変に隣人が救急車を呼んでしまった

　末期がんの利用者を自宅で看取る方針の家族支援をしていました。往診医や訪問看護等を導入し、支援体制は整いつつありましたが、家族が所用で短時間留守をしていた時に、隣人が回覧板を持って訪ねてきたところ、たまたま利用者の状態が急変してしまい、驚いた隣人は救急車を呼んでしまいました。

　帰宅したところ、家の前に救急車が停まっているのを見た家族が慌てて救急隊員に「家で看取ることに決めているので、病院には運ばないでほしい。」と頼みましたが、かなわず、また、結果としてお亡くなりになったため、その後の家族はとても悔い、悲しむことになってしまいました。

　誰を責めることもできないと思いますが、ケアマネジャーとしてもっとできることがあったのではないか、教えてほしいです。

対応のポイント

① 終末期医療における情報共有の難しさや、救急体制の現状について理解しておきましょう。

② 看取りは医療・介護従事者だけで行うものではありません。人は地域の中で生きているという認識を持ち、地域の中で支える視点を持ちましょう。

③ 看取りは専門職が決めることではありません。人生の最終段階における決定プロセスについて確認しておきましょう。

第2章　家族や親族、近隣住民等とのトラブル　　103

> ## 解　説

1　終末期における情報共有の課題

　救急要請を受けて救急隊が駆け付けた現場において、「本人が心肺蘇生を拒否する意思を示していた」と伝えられた場合でも、心肺蘇生を実施しながら医療機関に搬送する方針を取っている消防本部は6割を超えています（総務省消防庁　平成30年9月「心肺蘇生を望まない傷病者への救急隊の対応に関する実態調査結果」）。

　この実態調査からは、利用者が心肺蘇生を望まないと意思表示をしていても、家族や施設が「気が動転した・パニックになった」と救急要請をしている状況や、救急隊員からも「現場にいない家族が望んでいたらトラブルになると思った」といった、終末期の難しさを読み取ることができます。

　事前に意思表示をしている場合、まずはかかりつけ医に確認するような対応も検討されていますが、現状救急隊も対応に苦慮しており、この事例のような状況においては、病院へ運ばないといった選択はまだ難しいようです。隣人も善意からの判断だと思われますので、この事例に記載してあるとおり、誰も責めることができない状況だったと思われます。

2　利用者を取り巻く社会資源

　人は地域の中で生きています。ケアマネジャーが利用者を取り巻く全ての社会資源を把握する、ということは簡単なことではありません。この事例のように回覧板を持ってくる隣人や、普段会うことのない親族まで把握するということは難しいことだと思われます。

　高齢多死時代と呼ばれる現在、自宅で亡くなる方も増えていきます。

介護支援専門員実務研修においても看取りについて学ぶようになり、経験年数を問わず、看取りのケースに対応することが求められています（平成27年2月12日「介護保険最新情報（Vol.419）」）。

○介護支援専門員実務研修実施要綱（平26・7・4老発0704第2別添1）
　看取りに関する事例
　・看取りに向けた利用者及びその家族との段階的な関わりの変化（生活動作の負担や痛みの軽減、主治医との連携や多職種協働、急変時の基本的な対応等）を認識する。
　・看取りのケースにおいて、在宅生活の支援を行う際の起こりやすい課題を理解し、アセスメント、課題分析の視点、居宅サービス計画等の作成、サービス担当者会議における情報共有に当たっての留意点及びモニタリングでの視点について理解する。

　終末期に至る身体状況の変化に対し、見通しを立てた居宅サービス計画を作成し、それを家族と共有していくことはケアマネジャーの役割といえます。看取りを何度も経験している家族というのは多くはありません。利用者はもちろんのこと、家族も変化していく状況に揺らぎます。時には看取りの方向性を変えることも出てきます。揺らぎを考慮しながら、急変時の対応については確認をしていきましょう。

　また、看取りの支援は医療・介護従事者が中心になると考えがちですが、実際は、利用者・家族は地域の中で生活しており、日々専門職以外の多くの方と顔を合わせています。自宅での看取りについては、地域の方の理解と協力も大切です。自宅へ訪ねてくる可能性のある方については、家族の方から看取り体制について伝えてもらえるように、ケアマネジャーは身体状況の変化や急変時の対応について、その都度確認をしていきましょう。

3　ACP（アドバンス・ケア・プランニング）

　人生の最終段階において、利用者の意思は変化し得るものであり、医療・ケアの方針についての話合いは繰り返し行われることが重要です。特に終末期においては、利用者が自らの意思を伝えられない状況になる可能性があることから、医師や看護師などの医療職、ケアマネジャーやサービス提供事業所等の介護従事者と話し合ったプロセスを文書にまとめておくことは、利用者の意思決定を尊重する上で大変有効です（厚生労働省　平成30年3月「人生の最終段階における医療・ケアの決定プロセスに関するガイドライン」）。

　ガイドラインにはACP（アドバンス・ケア・プランニング：人生の最終段階の医療・ケアについて、利用者が家族等や医療・ケアチームと事前に繰り返し話し合うプロセス）の概念を盛り込んでいます。どのように生きていくのかを決めるのは利用者・家族であり、ケアマネジャーはプロセスを支援する立場であるということを忘れてはなりません。

　看取りという人生の最終段階において、利用者の意向が尊重され、家族が後悔を残さないようにするために、ケアマネジャーは多職種との密な連携を図っていく必要があります。

アドバイス

　自宅での看取りが増えている現在、ケアマネジャーが看取りに関わることは珍しくありません。医療・介護の専門職だけでなく、地域の方々も含めた地域包括ケアシステムの中で、その在り方を考えていく時代となっています。

　時代背景や社会資源への理解を深め、利用者の意思を尊重した看取り体制を作っていきましょう。

106　　第２章　家族や親族、近隣住民等とのトラブル

27　家族から、行方不明になった利用者の捜索を依頼された

　認知症の症状があり、自宅から出ると迷ってしまい、家に戻ることができない利用者の家族から事業所に、「本人が家にいない。今すぐ、探してくれ。自宅に連れ戻してほしい。」という電話がありました。利用者の捜索はケアマネジャーの仕事なのでしょうか。ケアマネジャーとしてどこまで行うことが求められるのでしょうか。

対応のポイント

① 　ケアマネジャーの役割を再確認し、リスク予測を踏まえた計画を立てましょう。
② 　今後増加し続ける認知症高齢者に対し、その症状や背景について理解を深めましょう。
③ 　外出した後、帰宅できない高齢者への予防・発見システムについて、自治体や民間での取組を把握しておきましょう。

解　説

1　ケアマネジャーの役割

　居宅介護支援事業運営基準には、居宅介護支援事業所に所属するケアマネジャーの果たすべき役割について定められています。その上で、この事例における基準上でのポイントについて確認していきます。

　介護保険制度におけるケアマネジャーの役割として、直接介助を要

第2章　家族や親族、近隣住民等とのトラブル　　107

請するような規定はありません。また、この事例において「利用者の捜索」は誰の仕事かという問いに対しては、介護サービス事業所や市町村も含め、誰々の仕事である、と限定できるものではありません。民法877条の「直系血族及び兄弟姉妹は、互いに扶養をする義務がある」、民法752条の「夫婦は同居し、互いに協力し扶助しなければならない」といった規定から、一般的には家族の責任といった声もありますが、平成19年12月7日に起きた認知症高齢者の列車事故について、最高裁判所は認知症高齢者の監督義務者として、一概に家族に責任を負わせることを否定しています（公平の観点から認知症患者の行為に対する責任を問うのが相当といえる状況にある場合を除きます。）（最判平28・3・1判時2299・32）。

　誰かの仕事であるということではなく、高齢者を支える社会で対応する課題といえるでしょう。その中で、ケアマネジャーの役割を考えていきます。

　居宅介護支援事業運営基準13条6号において「介護支援専門員は、居宅サービス計画の作成に当たっては、適切な方法により、利用者について、その有する能力、既に提供を受けている指定居宅サービス等のその置かれている環境等の評価を通じて利用者が現に抱える問題点を明らかにし、利用者が自立した日常生活を営むことができるように支援する上で解決すべき課題を把握しなければならない。」と定めています。ケアマネジャーとして、予測されるリスクを十分に考慮した上で、課題解決に向けた居宅サービス計画を作成することが役割となってきます。

　何度も同じような相談があった、十分にそのリスクが予測されていた、ということであれば、それに応じた居宅サービス計画の作成はケアマネジャーの役割といえます。また、居宅介護支援事業運営基準には指定居宅サービス事業者等に対し、「利用者の状況等に関する情報を担当者と共有する」（居宅介護支援事業運営基準13九）、「連絡調整その他

の便宜の提供を行う」(居宅介護支援事業運営基準13十三)とあることから、利用者情報を共有し、サービスチームとしてできる範囲での対応を行うことが求められます。この事例でいえば、現在利用しているサービス提供事業所へ連絡し、例えばサービスの中で対応できる協力（通所介護や訪問介護の車両使用中の配慮など）を依頼することや、市町村等へ連絡を入れることなどはケアマネジャーの役割といえるでしょう。

　ケアマネジャー個人や所属する事業所で対応できることには限界があります。個人が抱える課題と考えずに、社会の課題であるという認識から、地域で支えていく視点を持ちましょう。

2　認知症高齢者の増加に伴う社会的な課題

　平成29年版高齢社会白書によると、認知症高齢者の数は2025年には約700万を超える見込みとなっています(65歳以上高齢者の5人に1人)。また、警察庁の発表によると、認知症が原因と思われる行方不明者は年間1万5,000人を超え、その数は年々増加しています（警察庁生活安全局生活安全企画課　平成30年6月「平成29年における行方不明者の状況」)。今後増え続ける認知症高齢者への対策は、日本全体の課題ともいえます。

　介護を支える専門家であるケアマネジャーは、社会的な課題であるという認識と共に、認知症による徘徊の原因と基本的な対応についても、学びを深める必要があります。徘徊とは、客観的に見れば目的が不明でも、本人にとっては目的がある場合も多く、その背景を理解していく必要があります。認知症の中核症状（記憶障害や見当識障害など）によるものや、不安やストレスなどによる影響など、疾病の特性を踏まえたアセスメントとその人の生活史を知ることは重要です。認知症の種類によっても対応に違いが出ることもありますので、十分な理解に努めましょう。

3 自治体での取組や民間サービスの活用

　社会的な課題となっている認知症高齢者の徘徊や行方不明・身元不明等に対し、都道府県や市町村でも取組は進んでいます。平成26年の「今後の認知症高齢者等の行方不明・身元不明に対する自治体の取組の在り方について」（平26・9・19老発0919第4）によれば、公共機関・互助的組織・交通機関・民間店舗・IT機器など、地域包括ケアシステムによる支え合いネットワークの在り方が示されています。

　警察を含めた登録システムは多くの市町村で取り組まれており、IT機器も目覚ましく進歩しています。ケアマネジャーはこれらの情報についても、社会資源の活用という視点から常に最新情報を入手し、必要時には家族への情報提供などを行っていくことが求められます。

アドバイス

　増え続ける認知症高齢者に対し、今後、この事例のような相談は増えていくものと予想されます。登録などに準備が必要なものや、見守りシステム等への理解が難しい家族などに対しては、ケアマネジャーは協力していく必要があります。

　ただし、ケアマネジャー個人が抱える課題ではなく、地域で支える課題と認識し、公共機関や民間サービスと協力しながら対応を検討していきましょう。

110　第２章　家族や親族、近隣住民等とのトラブル

28　金銭的理由から、ケアマネジャーによる直接的な支援を依頼された

　経済的に厳しい利用者の場合、介護保険サービスやインフォーマルサポートを活用しても、足りない部分が出てきてしまいます。「ケアマネジャーにはいろいろなことを頼んでもお金がかからない」という理由から、利用者や家族からケアマネジャー業務以外のことをお願いされることがあります。多少のことならお手伝いすることはできますが、毎回・毎月だと難しいなと感じています。どこまで関わっていくのかを、どのように判断したらよいでしょうか。

対応のポイント

① 　ケアマネジャーの役割について根拠を押さえるとともに、リスクマネジメントの視点を念頭に置きましょう。

② 　ケアマネジャーの公正中立性とは、サービス調整だけではなく、自身の行動も含みます。社会保障制度に位置付けられた専門職である自覚を持ちましょう。

③ 　誰かがやらなければならないときには、援助チーム内で共有するとともに、地域の課題ではないか検討していきましょう。

解　説

1　介護保険法上のケアマネジャーの役割

　居宅介護支援事業所におけるケアマネジャーの役割は、居宅介護支

援事業運営基準に具体的な項目が掲げられていますが、基本的な考え方について介護保険法の中に以下のように示されています。

○介護保険法
（定義）
第7条
5　この法律において「介護支援専門員」とは、要介護者又は要支援者（以下「要介護者等」という。）からの相談に応じ、及び要介護者等がその心身の状況等に応じ適切な居宅サービス、地域密着型サービス、施設サービス、介護予防サービス若しくは地域密着型介護予防サービス又は特定介護予防・日常生活支援総合事業〔中略〕を利用できるよう市町村、居宅サービス事業を行う者、地域密着型サービス事業を行う者、介護保険施設、介護予防サービス事業を行う者、地域密着型介護予防サービス事業を行う者、特定介護予防・日常生活支援総合事業を行う者等との連絡調整等を行う者であって、要介護者等が自立した日常生活を営むのに必要な援助に関する専門的知識及び技術を有するものとして第69条の7第1項の介護支援専門員証の交付を受けたものをいう。

　つまりケアマネジャーとは、利用者・家族からの相談に応じ、各種サービス提供事業者との連絡調整を行う者として、専門知識及び技術を有する専門職ということになります。居宅介護支援事業所の重要事項説明書や契約書にも、ケアマネジャーとしての職務が記載されていることだと思われます。

　介護保険法及び居宅介護支援事業運営基準には、ケアマネジャーとしての業務範囲が定められていますので、それ以外の行為は業務外ということになります。ただし、ケアマネジャーは介護に関係する生活課題に対応するため、どうしても業務外の対応についても課題として

出てくることはあります。

　一方で注意しなければならないこととして、本来の業務外ということであれば、その行為を行った場合の責任の所在についても考えなければなりません。介護保険の指定事業所となるには、賠償資力の確保が義務付けられており（平11・9・17老企25）、多くの事業所は賠償責任補償に関する保険に加入しています。ただし、その保険は通常想定される業務の範囲を想定しており、業務外の対応までは対象となっていません。

　業務外の対応を求められた際、すぐに対応してしまうことは、リスクマネジメントの視点からも十分に注意しなければならないことです。

2　ケアマネジャーの公正中立性

　居宅介護支援事業所におけるケアマネジャーは、特定の事業所に偏ったサービス調整を行わないという公正中立性が求められますが、それはケアマネジャー自身にも当てはまります。

　介護保険法69条の34では、介護支援専門員の義務として「介護支援専門員は、その担当する要介護者等の人格を尊重し、常に当該要介護者等の立場に立って、当該要介護者等に提供される居宅サービス、地域密着型サービス、施設サービス、介護予防サービス若しくは地域密着型介護予防サービス又は特定介護予防・日常生活支援総合事業が特定の種類又は特定の事業者若しくは施設に不当に偏ることのないよう、公正かつ誠実にその業務を行わなければならない。」と定められており、また介護保険法69条の36では、「介護支援専門員は、介護支援専門員の信用を傷つけるような行為をしてはならない。」ともされています。

　サービスを調整する際に、公正中立な立場であるケアマネジャーが、特定の利用者にのみ業務外対応を取るといった行為は、場合によって

第2章　家族や親族、近隣住民等とのトラブル　　113

はケアマネジャーの信用を傷つけることにもつながります。また、ケアマネジャーは職業人としての対人援助専門職ですので、時には職場を変えることや法人内の異動ということもあります。ケアマネジャーが替わったからといって、利用者の生活課題は変わりませんので、「前のケアマネジャーはやってくれたのに…」ということにもなりかねません。

　社会保障制度に位置付けられた専門職であるという自覚を忘れないようにしましょう。

3　チームケアと地域援助の視点

　この事例のように経済的な課題を持つ方や、身寄りのない一人暮らしの方への対応は、多くのケアマネジャーが悩むところです。ケアマネジャーを含め、専門職の各々が「私の業務ではありません」と断ってしまうことで、生活が立ち行かなくなる場合もあるかと思われます。

　まずはケアマネジャー自身が行うのではなく、インフォーマルな資源を含めた社会資源が活用できないかを考えましょう。その上で、どうしても誰かがやらなければならない場合、インフォーマルな資源を含めたサービス担当者会議等を開催し、誰がどこまで行えるのかを確認しましょう。フォーマルサービスとインフォーマルサポートが少しずつできる範囲を持ち寄ることで、対応できる課題もあるかと思います。

　また、資源がないことで対応できないような課題であるならば、市町村や地域包括支援センターが主催する地域ケア会議の場を通じ、社会資源を開発していくということも考えられます。

　ケアマネジャー一人で悩まずに、まずはチームでどこまで寄り添えるかを考え、課題によっては地域の課題であるという視点を持ちましょう。

アドバイス

　目の前の課題に対し、自分がやってしまえば…という思いは、ケアマネジャーなら誰もが考えたことがあることだと思います。実際に行うことで、本来の業務に支障が出たり、事故が起きた場合の対応に困ったりするなど、別の課題が出てくることもあります。公共性の高い仕事である、「ケアマネジャー」としての役割を常に考えるようにしましょう。

第 3 章

職場でのトラブル

116

第3章　職場でのトラブル　　117

29　経営者から併設するサービス提供事業所の利用を強要される

　私は、施設併設の居宅介護支援事業所で働いています。

　同一法人が経営する訪問介護事業所や通所介護事業所の利用者が減少すると、経営者である施設長や事務長より、利用者を紹介するように度々強要されて困っています。

　特定事業所集中減算を常に気にしながら、減算にならないよう細心の注意を払っています。

　しかし、施設長と事務長に進言しましたが理解してくれません。

　何か良い対応方法はないでしょうか。

対応のポイント

① 　ケアマネジャーの公正中立性を改めて意識し、利用者本位のサービスの提供ができているか再確認しましょう。

② 　利用者本位の観点から特定事業所集中減算への理解を深め、経営者である施設長や事務長に丁寧に説明して納得してもらうように試みましょう。

③ 　経営者及びケアマネジャーは倫理観を持って業務に当たり、特定のサービスに偏らないようにすることが肝要です。職場内研修等を実施するなどして、法令を遵守するのは当然であるという雰囲気の職場環境作りを行いましょう。要求が度を過ぎ、ハラスメント行為に当たる場合は、自治体や労働局へ相談することも検討が必要になるかもしれません。

118　第3章　職場でのトラブル

> ## 解　説

1　ケアマネジャーの公正中立性

　居宅介護支援事業所の運営及びケアマネジャーの業務は、次のような法的根拠に基づき厳格に定められています。

　(1)　介護保険法による定め

　介護保険法69条の34第1項ではケアマネジャーの義務として「特定の種類又は特定の事業者若しくは施設に不当に偏ることのないよう、公正かつ誠実にその業務を行わなければならない。」と定めています。

　(2)　居宅介護支援事業運営基準による定め

　居宅介護支援事業運営基準1条の2では、基本方針として第2項において「適切な保健医療サービス及び福祉サービスが、多様な事業者から、総合的かつ効率的に提供されるよう配慮して行われるものでなければならない。」と、また第3項においては「常に利用者の立場に立って、利用者に提供される指定居宅サービス等〔中略〕が特定の種類又は特定の指定居宅サービス事業者〔中略〕等に不当に偏することのないよう、公正中立に行われなければならない。」と定めています。

　このように、ケアマネジャーは、利用者本位のサービス提供を旨とし、公正中立な立場でサービス提供事業所をコーディネートする必要があります。その際に重要となることは、多様な事業所から利用者に合ったサービスが提供されるよう、日頃から情報収集に努め、地域の状況や事業所の特徴などを伝え、利用者が選択できる環境を整えることが肝要です。

2　特定事業所集中減算（利用者本位の観点から捉える）

　特定事業所集中減算は、ケアプラン作成に当たりサービスの依頼先が特定の法人のサービス提供事業所に偏らないよう、公正中立なケア

マネジメントを図るために、平成18年の制度改正により導入されました。正当な理由がない場合、1か月につき200単位が減算されます（平12・2・10厚告20）。

　なお、具体的な算定要件と判定方法は次のとおりです（平27・3・23厚労告95、平12・3・1老企36）。

算定要件：正当な理由なく、指定居宅介護事業所において前6月間に作成されたケアプランに位置付けられた居宅サービスのうち、訪問介護サービス、通所介護サービス、福祉用具貸与サービス等について、特定の事業所によって提供されたものの占める割合が80％以上である場合に減算。ただし、当該事業所のケアプラン数が一定数以下である等の正当な理由がある場合を除く。

判定方法：ケアプランのうち、各居宅サービスが位置付けられたケアプランの数をそれぞれ算出し、サービス種別ごとに最もその紹介件数の多い法人を位置付けたケアプランの数の占める割合を計算し、いずれかのサービスについて80％を超えた場合に減算する。

　この特定事業所集中減算が導入された趣旨や経緯を経営者である施設長や事務長に丁寧に説明して、特定の事業所に偏って利用者を紹介することは、利用者本位のサービスの点からできないことを理解してもらうようにしましょう。

3　経営者及びケアマネジャーの倫理観

　経営者とケアマネジャーは、高い倫理観を持って事に当たらなければなりません。居宅介護支援事業運営基準25条各項にも居宅サービス事業者等からの利益収受の禁止等として、

①　特定の居宅サービス事業者等によるサービスを位置付けるべき旨

の指示等を行ってはならない

② 特定の居宅サービス事業者等によるサービスを利用すべき旨の指示等を行ってはならない

③ 特定の居宅サービス事業者等によるサービスを利用させることの対償として、当該居宅サービス事業者等から金品その他の財産上の利益を収受してはならない

と定められています。

しかし、この事例のように、施設経営者や管理者などから、同一事業所のサービスをあっせんするよう求められるケースでは、雇用関係にある以上、完全に無視することは難しいかもしれません。

また、このようなことを言う経営者も、公正中立であるべきことや特定事業所集中減算のことを全く知らないわけではなく、「建前は分かるけど、本音はね…」ということなのかもしれません。

一方、このことからハラスメント行為に発展するという可能性もありますので、度を過ぎる要求と理不尽なペナルティには、自治体や労働局に救済を求める必要があります。

そこまでに至らぬ場合でも、法令遵守が基本中の基本であることは経営者もケアマネジャーも意識しなければなりません。そのためには、日頃からこのような法令があることを意識するため、職場内の研修を行うなど、法人全体で取り組むことが肝要です。

関係法令の読み合わせだけにとどまらず、例えば研修の資料に、契約書や重要事項説明書を使用するのも有効ではないでしょうか。契約書の締結行為をもう一度見直すことによって「ケアマネジャーが利用者に対してサービス提供事業所の選択の支援を行う際、所属する法人が運営するサービス提供事業所などに誘導することがないよう公正中立に実施している」という趣旨の内容が、契約書又は重要事項説明書に必ず記載されていることを再確認し、ケアマネジャーは、常に利用

第3章　職場でのトラブル　　　121

者本位を貫き、利用者の最善の利益を提供すべきであることの意識を
再認識することができます。

アドバイス

　法令を違反することは、経営者や管理者も望んでいません。経営を重
視するがゆえに、「つい魔が差す」などということがないよう、法令遵守
がいかに大事かを弁護士などの法律の専門家を外部講師として招き、研
修をしてもらうこともお勧めです。
　専門家の言葉には説得力があります。きっと経営者にも管理者にも伝
わるはずです。

30　業務改善の提案をしたが受け入れてもらえない

　同僚のケアマネジャーが非効率な仕事の仕方をしているため、思い切ってスタッフミーティングの中で、業務改善の提案をしてみました。するとその同僚から「私が10年以上やってきたことを否定するのね。」と言われ、それ以来関係が悪くなりました。

　私は、同僚がもっと仕事しやすくなればよいと思い提案したのにとてもショックです。

　傍から見ると、彼女は余分な仕事をしているようにしか見えません。

　何か良い方法はありませんか。

対応のポイント

① 業務改善について、職場内でその方策を共有し、それを行う上での適切な方法やルールを考えましょう。

② 事業所内では、様々な話合いが持たれると思いますが、それぞれの意義や目的を再確認して「誰のための、何のための話合いなのか」を意識しましょう。

③ 職場内のコミュニケーションを円滑に行うための方法を考えてみましょう。

解　説

1　業務改善に必要なもの

業務を改善していくためには、まず現状を分析することが必要です。

第3章　職場でのトラブル　123

この事例では、同僚が非効率な仕事をしているとのことでしたが、ま
ずそれが主観的なものか、客観的なものなのかきちんと分析しなけれ
ばなりません。

　そのためには、業務分析を行うためのチェックリスト（シート）を
作成することをお勧めします。例えばインターネットで、「ケアマネ
ジャーのための業務改善」などのキーワードで検索できるので、参考
にしてみてください。そして現状に合わせた内容のものを選び、「み
んなでやってみましょう」と、その人だけでなく、全員でやってみた
結果を基に効果的な業務を行う方法やルールを職場内で共有化してみ
てはいかがでしょうか。取組の呼び掛けをするのは、できれば管理者
がよいでしょう。

2　スタッフミーティングを円滑に運営するために

　スタッフミーティングにはいろいろなタイプがあります。日々のス
ケジュールを確認する朝礼式のもの、ケースの日常を報告する朝の申
し送りのようなもの、定例的に行う職員会議のようなもの、意思決定
を行う幹部会議のようなものなど様々です。この事例の業務改善を行
うようなスタッフミーティングは「ブレーンストーミング」形式のも
のがよいでしょう。

　ブレーンストーミングとは、課題に対して短時間で効果的な結果を
出すための話合いの手法です。このブレーンストーミングの原則は
「人の意見を否定しない」「対話と傾聴を心掛ける」「演説や長話はし
ない」など基本的なルールが存在しますので、それを守ることを初め
に確認しましょう。

　この事例においては、業務改善に関する課題分析を行い、その結果
を基にテーマを設定し（例えば、「業務効率を上げるためには」など現

状をどうするかより、「業務を改善することによって生じるより良き
職場環境とは」など、未来志向型の方が話合いは弾みます。）、話合い
を行います。

　人数が多い場合は、ワールド・カフェという話合いの手法もありま
す。ワールド・カフェとは、人々がオープンに会話を行い、自由にネ
ットワークを築くことのできる「カフェ」のような空間からナレッジ
（知識や知見）を創発する話合いの方法です。アニータ・ブラウン氏
とデイビッド・アイザックス氏が1995年に開発し、フォーチュン100社
や、米国、ラテン・アメリカ、ヨーロッパなどの政治や医療、教育に
携わるメンバー、及びコミュニティ組織などの幅広い分野で活用され
ています（株式会社ヒューマンバリュー資料より引用）。

3　コミュニケーションは難しい

　最後に、この事例はコミュニケーションの不足にも問題があると考
えられます。

　コミュニケーションは、二人以上の人間の間で行われる様々な情報
の伝達行為で、それはまず誤解から始まり、情報が行き交うことで最
初は山なりにキャッチボールしていたものが、やがて速いボールでお
互いに返球し合うようなイメージです。

　では、なぜ誤解が生まれるのでしょうか。人の心は読めません。心
の中は、それぞれの経験や感覚、価値観など様々な要素でイメージ化
されたものであり、おのずと十人十色なわけです。それをお互いに共
通のものとして認識していくためのやり取りがコミュニケーションな
ので、最初は誤解から始まるわけです。

　例えば「あなたにとっての忙しいというイメージを思い描いてくだ
さい。」と質問したとき、仕事をしていれば仕事上の忙しさ、家にいる

第３章　職場でのトラブル　　125

ときに聞かれればプライベートな忙しさを聞かれているのではないか
と考えるわけで、空間（コンテキスト）がとても大事になります。家
にいて仕事の忙しさについて聞くなら、きちんとそのことを説明しな
ければ、最初から誤解が生じてしまいます。そして、「忙しい」という
その人の思いの本質に近づくために「そうなんですか。それは大変で
すね。」と共感し、「そうなんですよ。」という本人の同意を得てから、
次々に双方向の会話を展開していくわけです。

　また、コミュニケーションには、言語的、非言語的の二通りがあり
ます。言語的は文字どおり言葉のコミュニケーションです。身振り手
振りなどを使った非言語的コミュニケーションは「相づち」や「うな
ずき」などの共感を示す仕草のことをいいます。ついつい相手の顔も
見ずに空返事などということがありませんか。

　ケアマネジャーは、顕在的ニーズと潜在的ニーズがあることを学ん
でいます。他人を思いやり、たとえそれが業務改善すべき主観的な事
柄であっても、一度は受け止め、客観的な事実について同意が得られ
るようマネジメントしていくことが大切です。

アドバイス

　誰でも否定されるのは嫌なものです。

　その場合の良い方法「Yes・But法」をご紹介します。

　仕事終わりに同僚から「飲みに行かない？」と誘われて、「用事がある
からパス」と言われたらあまり気分が良くありませんよね。もしかした
ら「もう誘いたくない」と思ってしまうかもしれません。この場合こう
答えてみてください。「いいね。飲みに行きたいね。でも今日はごめん。
これから用事があるんだよ」と。どうでしょう。最初から否定せず、「い

いね」と肯定的に受け止め（Yes）、「でも」（But）で打ち消す。こうすれば、相手も「飲みに行くことは否定されたのではないので、また誘っていいんだな」と思いますよね。最初から否定されると飲みに行くことそのものを否定されたと思ってしまい、誘う気も失せてしまいます。

　皆さんの生活場面や職場などで是非実践してみてください。

第3章 職場でのトラブル　　　　127

31　経営者によるハラスメントを受けて退職に追い込まれた

　経営者から「自社事業につなげる人数が少なすぎる」と言われ、その後「改善がない」と怒られて、やがてパワハラが始まりました。その後パワハラはエスカレートし、心身共に疲労困憊となっていく中で、給料が減額され、結局退職へと追い込まれてしまいました。

　退職後も給料不払が生じ、再三にわたって、給与支払と給与明細発行のお願いをしましたが支払われず、「労働基準監督署に訴えます。」と言ったところ、ようやく給与支払がされました。

　今でも悔しさでいっぱいです。

対応のポイント

① 　ハラスメントにはいろいろな種類があり、近年社会問題として大きくクローズアップされていますが、過剰に反応することなく正しく理解し、正しく対応することが大事です。

② 　職場内においてパワハラを予防すること、また起きてしまったときの対策などを事前に話し合っておきましょう。またマニュアルを整備しておくことも必要です。

③ 　自分自身を守るために、労働関連の法規を知り、その窓口となる関係機関を理解することで、万一の時に備えることも大事です。

解　説

1　パワハラを正しく理解する

　パワハラは、平成13年に日本のコンサルティング会社が定義付けた和製英語から端を発し、マスコミが取り上げたことから広く浸透しました。

　厚生労働省は、パワハラを「同じ職場で働く者に対して、①職務上の地位や人間関係などの職場内の優位性を背景に、②業務の適正な範囲を超えて、精神的・身体的苦痛を与える又は職場環境を悪化させる行為」と定義しています（職場のいじめ・嫌がらせ問題に関する円卓会議　平成24年3月15日「職場のパワーハラスメントの予防・解決に向けた提言」）。

　パワハラは、職場内の人間関係において、何らかの点で優位に立っている者から、そうでない者に対して行われる行為です。すなわち、パワハラは、職場における様々な力関係に基づいて、相手が逆らうことができないような状況を背景にして行われるものです。

　「職場内の優位性」は、上司・部下などの「職務上の地位」によるものだけではありません。人間関係や専門知識などの様々な優位性が含まれます。

　したがって、上司から部下だけではなく、同僚間、さらには部下から上司などであっても、その人間関係に優位性（力関係）がある場合、パワハラが起きることがあります。

　また、パワハラは、「業務上の指導との線引きが難しい」といわれることから、業務上の指導に当たるのかパワハラに当たるのかが問題になります。

　その判断基準は「業務の適正な範囲内かどうか」にあるとしたものです。

　例えば、業務上の指導の形を取っていても、合理性や必要性のない

指示を繰り返したり、強要したりする言動はパワハラとなります。

この事例においては、経営者（職場の優位性）から運営基準に違反する言動（業務上の範囲を超えて）により受けた精神的な苦痛であることが分かります。パワハラを実証する場合はこの2点が重要になります。

平成30年12月14日、職場でのパワハラ防止策に取り組むよう企業に義務付ける厚生労働省の法制化方針について、労働政策審議会の分科会において報告書がまとめられました。そして、令和元年5月29日の通常国会にて、パワハラを定義付ける「労働施策の総合的な推進並びに労働者の雇用の安定及び職業生活の充実等に関する法律（通称：労働施策総合推進法）」の改正案を含む「女性の職業生活における活躍の推進に関する法律等の一部を改正する法律」が成立し、令和元年6月5日に公布されました。被害が拡大する中で、ようやく対策が進むことになります。

2　職場の中での取組

パワハラの発生を予防するということがもちろん大事ですが、この事例のように発生してしまった場合は、一人で抱え込まないで誰かに相談しましょう。

(1)　職場内の相談担当者

職場の規模によって異なりますが、相談担当者（衛生管理者やカウンセラー等）が配置されている場合があります。ただし、守秘義務が守られること、適切な対応が図られることが前提になりますので、十分注意してください。

(2)　労働組合

労働環境を守るため、労働組合は大変有効です。しかし、職場において労働組合がないというところが多いと思います。労働組合は「労

働組合法」に基づき2名から立ち上げることができます（労組2）。もし労働組合がないようならこれを機会に考えてみてはいかがでしょうか。経営者と労働者が対等に話をすることの意義はとても大きいと思います。

（3） 外部機関

賃金の不払や不当労働行為などを含め、権利侵害があるときは、各都道府県の労働局や労働基準監督署に相談しましょう。職場の規模が小さく衛生管理者等を設置していない、また労働組合の発足も難しいような場合は、労働者のための公的機関を利用しましょう。

3　労働局と労働基準監督署の役割と違い

労働局は、厚生労働省の出先機関で、全国の都道府県に設置されていて、労働者と事業主の間で生じる「個別の紛争」を解決するための援助を行う機関です。

また、労働基準監督署も労働局と同じく厚生労働省の出先機関で、労働基準法を主に掌握する機関です。労働基準法に違反をしている場合は、逮捕起訴するという権限も持っています。

パワハラに関する罰則は、法定化されていないため、行為そのものを取り締まることはできず、逮捕起訴を行うということはできません。しかし、この事例のような場合は、パワハラを原因とする精神疾患により離職したという認定がされれば、労働災害認定がなされる可能性もあります。また給料の不払行為は、労働基準法違反として取り締まることも可能です。

よって、パワハラそのものが原因となる労使間の個別紛争は労働局に、不当労働行為など法的救済が必要である場合は労働基準監督署に相談するなど、労働行政の窓口を知っておけば、いざというとき役立ちます。この事例では賃金不払の不当労働行為に対して、労働基準監督署

第3章　職場でのトラブル　　131

に訴えることを引き合いに交渉をすることとなりました。いずれにせよ、泣き寝入りをすることなく勇気を持って相談機関の門をたたきましょう。

アドバイス

　パワハラをはじめ、様々なハラスメント行為はあってはならないことで、会社を上げて予防していくことは必要ですが、言葉だけが一人歩きして、本来指導をしなければならない上司や先輩が躊躇したり、萎縮したりしてはいけません。そのためには、パワハラを含むハラスメントの定義をきちんと理解するために、研修などを通じて浸透させていくことが重要です。

　上記1に記述した令和元年の法改正においては、今まで明確化できなかった業務指導とパワハラの線引きの指針が明示されました。今後は、より具体的な研修が行えるのではないでしょうか。

　私が入社したばかりの頃は、「怒られて人は育つもの」とよく言われたことを思い出します。今思えばハラスメントという言葉も使われていない時代の話です。嫌なこともありましたが、怒られて育つということを実感したこともありました。要は怒られ方が大事で、そのためには日常のコミュニケーションの取り方も大事になります。

32 利用者からの苦情を同僚に伝えたが、受け止めてもらえなかった

利用者から同僚のケアマネジャーに対する苦情の電話があり、それを同僚に伝えたところ、「あなたはどっちの味方なの！私がそんなことするわけないでしょ！」と激昂され、その後口をきいてもらえなくなりました。

利用者からの苦情だけを捉えると、非は同僚にあると思いました。

苦情を聞き、それを事業所の問題として捉え、本人に伝えるのは本当に難しいです。

正しい苦情解決の仕組みがあれば教えてください。

対応のポイント

① 苦情を好機と捉え、業務の改善に役立つアドバイスを受けたと理解しましょう。またクレームとの違いを理解することも重要です。
② 苦情対応マニュアルを整備するだけではなく、中身を理解していることが重要です。もう一度読み直してみましょう。
③ 介護保険法における苦情対応の仕組みを理解しましょう。

解　説

1 苦情の捉え方

苦情を受けるということは、決して良いものではありません。時に

第3章　職場でのトラブル

理不尽なことを言われたり、双方の考えに行き違いがあったりと、必ずしも筋道の通った話とは限りません。また、苦情は電話で寄せられることが多く、たまたま電話を受けた人が、全く状況が分からないまま話を聞かなければならない場合もあります。

　苦情と似た言葉に「クレーム」があります。この言葉の違いを理解することも大事です。「苦情」とは害を受けていることに対する不満の気持ちを相手に伝えることで、「クレーム」とは自らが損害を受けたことに対する権利を主張したり、損害に対する請求を行ったりすることです。

　「クレーマー」といわれる人がいますが、実際はクレームを言っているのではなく、苦情を言っていることが多くあります。日本では、この二つの言葉を同義語で使っていることがありますが、実際は異なる意味であることを理解することで、対応の仕方も変わってきます。

　まず寄せられている事柄が苦情なのかクレームなのかを判断しなければなりません。クレームであれば権利侵害に対する補償など、組織として対応すべき重要な判断が求められますし、自分の立場によっては、安易な回答をするわけにもいきません。クレームであると判断される場合は、速やかに「上席の者と替わります」と伝え、責任ある立場の人に引き継ぎましょう。この場合、迅速に内容を伝達する必要がありますので、「要約する」という技術も必要になります。必要以上に待たせることによって事態を悪化させかねませんので、ご注意ください。一方、苦情であれば、話を聞くだけでも相手は落ち着くことが多く、真摯に聞くという姿勢を貫くことが重要となります。良きアドバイスを寄せてもらっていると捉えれば、業務の改善にもつながります。また苦情処理の仕組みを事業所内で構築しておくことも必要です。次に述べる「苦情対応マニュアル」を整備しましょう。

2　苦情対応マニュアルの整備

　情報公表制度の中でも、このマニュアルを整備していることを確認していますので、ほとんどの事業所では整備していると思いますが、もしされていないようであれば早急に整備しましょう。特に苦情を受けたときにどのような対応をするかを日頃から従事者全員が共通認識している必要があります。マニュアルを整備するだけで満足してはいけません。常日頃からマニュアルの中身を理解し、どのように対応するかを身に付けておくことが重要です。そのため、事業所内で行う研修のテーマとして取り上げてみてはいかがでしょうか。

　この事例では、苦情を受け、どのような手段（口頭、記録等）で当事者に伝達したのか詳細は不明ですが、マニュアルに基づいた対応をすることで、余計なトラブルが防げたかもしれません。

3　介護保険法における苦情対応に関する規定

　居宅介護支援事業運営基準26条1項では、苦情対応に関して「指定居宅介護支援事業者は、自ら提供した指定居宅介護支援又は自らが居宅サービス計画に位置付けた指定居宅サービス等〔中略〕に対する利用者及びその家族からの苦情に迅速かつ適切に対応しなければならない。」と定めています。また苦情内容の記録について、同条2項では「指定居宅介護支援事業者は、前項の苦情を受け付けた場合は、当該苦情の内容等を記録しなければならない。」とし、記録の整備を義務付けています。さらにそれ以降の条項においては、市町村が行う調査への協力、助言指導に対する改善、国民健康保険団体連合会（国保連合会）が行う調査への協力、助言指導に対する改善など、受けた苦情に対する処理や市町村、国保連合会への苦情申立て支援についても規定されています。なお、神奈川県のようにFAXによる苦情を受け付けない都道府県がありますので、事前にお調べください。

第3章　職場でのトラブル　　135

　苦情は、無いに越したことはありません。まずは苦情の原因となる業務内容を点検し、あらかじめ防止できるよう努めることが大事です。

　さらに苦情は、必ず記録し検証しなければなりません。そして起こってしまったことを責めたりせず、反省の上に同じことを繰り返さないためにも事業所内での共有化が必要です。

　この事例では、苦情そのものもそうですが、コミュニケーションの取り方にも課題がありそうです。事例30にてコミュニケーションについて触れていますので、参考にしてみてください。

アドバイス

　福祉サービスにおいては、苦情を「利用者の声」として捉え、サービスの質の向上につなげることが大切です。苦情解決には、事業者の真摯な対応が求められます。

　保険者には苦情対応マニュアルを作成しているところもあります。

　責任追及にならないよう、ケアマネジャーとしても居宅介護支援事業所の質の向上につなげる視点を持ち、解決まで共に考えていくことが求められます。

136　　　　　　　第3章　職場でのトラブル

33　訪問先の犬に咬まれてケガを負ったが、事業所として対応してもらえなかった

　　訪問した時に、利用者宅の飼い犬に咬まれてしまいました。
　　事業所に戻り、管理者に報告したところ、「先方がペット保険に入っていないか聞いてください。」と言われ、問合せをしましたが、入っていないということで、結局は自分の健康保険を使って治療しました。
　　事業所の対応に対して非常に不満と不信感を抱いています。
　　本来どうするべきだったのでしょうか。

対応のポイント

① 　利用者側に過失があった場合は、原則として第三者行為による損害賠償請求を行うことが前提となります。
② 　仕事中の事故は、労災保険の適用が考えられます。業務中の事故の取扱いや手続の方法について、日頃から確認しておきましょう。
③ 　この事例においては、利用者側の過失によるものですが、ケアマネジャーの業務中の事故としては、ケガや病気ばかりではありません。従事者の過失も想定して、介護事業者用の賠償責任保険に加入しましょう。

解　説

1　第三者行為による損害賠償
　民法718条には、「動物の占有者は、その動物が他人に加えた損害を

第3章　職場でのトラブル　　137

賠償する責任を負う。」とあります。

　ペットが与えた事故に対する保険に加入しているのであれば、スムーズに話が進むかもしれませんが、そのような保険には加入していないことも多いと思われます。

　その場合は、利用者に賠償してもらう必要があります。

　しかし、お金に余裕のない高齢者に請求することは、なかなか難しいと思われますし、今後の支援にも影響を与える可能性もあります。

　そこで、もう一つ考えられるのは労災保険です。

2　労働者災害補償保険（労災保険）

　労災保険とは、労働者災害補償保険法に基づく制度で、業務中や通勤の際のケガや病気に対して保険給付を行う保険制度で、業務災害と通勤災害に分けられます。

　当然のことながら、自事業所が労災保険に加入していなければ、この保険は適用されません。強制加入なので、管理者は必ず加入するよう、労務管理の観点からもしっかり管理をお願いしておきましょう。

　また、事故により給付を受ける場合、労災指定病院（薬局を含みます。）等で受診することをお勧めします。指定病院等の場合は、現物給付が受けられます。一方指定病院ではない場合は、一旦全額を支払い、後に労働基準監督署に申請することで被災労働者に支払われます。一時的なものではありますが、負担も大きくなりますのでご注意ください。

(1)　業務災害

　業務災害とは、業務中の労働者の負傷や疾病、後遺障害の発生や死亡を指しますが、業務と災害発生による死傷病の因果関係が認められて初めて業務災害として認定されます（労災7）。その業務と災害発生の因果関係を判断するためには、「業務遂行性」が前提条件となって「業

務起因性」が認められるという要件が必要となります。簡単に言い換えると「業務遂行性」は業務中に発生したケガや病気なのか、「業務起因性」は、その業務がケガや病気の原因になったかどうかということです。「業務遂行性」とは労働者が使用者の支配下にある状態を指します。

　(2)　通勤災害

　通勤災害とは通勤する際に事故等に遭うことを指します（労災7）。通勤災害の認定要件はただ一つ「通勤」の定義に当てはまるかどうかです。通勤災害では業務災害に準じた補償を受けることができますが災害発生原因が業務災害とは異なるため、この二つは明確に区分されています。通勤災害は、労働者の一部負担が発生する場合もあるのでご注意ください。

　この事例では、業務中にケアマネジャーが負傷したというものであり、「業務遂行性」も「業務起因性」も認められると思いますので、業務災害が適用されると思われます。この場合、この事例は利用者側の過失による傷病ですので、「第三者行為等による傷病届」の提出が必要となります。

　なお、業務災害で労災保険の給付が受けられる場合は、健康保険の対象とはされません。この事例では、自分の健康保険を使って治療したとありますが、本来であれば誤った利用方法ということになります。

3　介護の賠償責任保険

　この事例は、利用者側の行為による事故の問題でしたが、事業者側の行為による事故についても説明しておきましょう。

　介護の事故による訴訟件数は、増加傾向にあるといわれています。介護保険制度が普及し、介護サービスが浸透していること、契約制度の定着から利用者の権利意識が高くなってきていることなどが考えられます。

第３章　職場でのトラブル　139

　ケアマネジャーは、直接介護を行う業種ではないため、介護職に比べると事故を起こす確率も少ないといえますが、給付管理に起因する金銭トラブルや、物損事故等が起こり得る事故として想定されます。事故に対して、損害賠償を求める方もいますので、事業所として、是非とも損害賠償保険への加入をお勧めします。加入義務があるものではありませんが、情報公表制度においての調査項目にもなっています。未加入の場合は、その情報が公表されてしまいますので、是非加入をするよう事業所内でご検討ください。

　また、どうしても事業所としての加入が難しいということであれば、日本介護支援専門員協会が会員向けに「介護支援専門員賠償責任保証制度」を提供しています。さらに民間の保険でもケアマネジャー個人が加入できる保険もあります。自分の身は自分で守ることも大事です。

アドバイス

　管理者は大事なスタッフがケガをした時は、事故状況の確認も大切なのですが、まずはすぐに受診をさせましょう。犬に咬まれるということは当然、感染症等の問題も懸念されます。似たようなこととして、「認知症の方の介護中にたたかれて、ケガをした」等が考えられます。同様に仕事中の事故なので、当然労働者災害補償保険の適用になります。管理者の方は労務の知識にも慣れておく、また勉強しておく必要があります。

　なお、感染症等の問題も懸念されることから、保健所への届出も必要になりますので、管轄の保健所へ速やかに相談して届出をしておきましょう（感染症12）。

34 業務が多忙になり、時間外勤務を要求したが認められず、自宅に仕事を持ち帰っている

新規の契約者を立て続けに担当することになり、日中は業務に追われ、ケアプランの入力作業ができなかったため、「残って仕事をさせてもらいたい。」と管理者に申し出たところ、時間外手当の予算がないため認められない。やらなきゃいけないならサービス残業してください。」と言われました。

仕方なく自宅に持ち帰って作業しています。

対応のポイント

① 時間外労働の法的な根拠と手続について正しく理解しましょう。また、必ず、時間外労働の申請を行い、時間外手当を受け取るようにしましょう。「仕方ない」で諦めないよう毅然とした態度で伝えましょう。

② 管理者は、「サービス残業」をさせた場合、非常に厳しい罰則を受けることを理解してください。違法な時間外労働は、事業所の存続も危ぶまれることになりますので、十分注意しましょう。

③ 自身の業務が計画的、効率的に行われているか、見直す必要があります。「なんとなく心配だから様子を見に行く」等の不必要な訪問等はないでしょうか。定期的に自身の業務の見直しを行いましょう。

④ 自宅に仕事を持ち帰るということは、個人情報を必要以上に持ち出すことになります。根本的に違反行為になるので、自身

第3章　職場でのトラブル　　141

も自覚するとともに、管理者にはその旨を理解してもらうよう
努めましょう。

解　説

1　時間外労働

　労働基準法36条では、「労働者に法定労働時間（1日8時間1週40時間）
を超えて労働させる場合や、休日労働をさせる場合には、あらかじめ
労働組合と使用者で書面による協定を締結しなければならない。」と
定めています。いわゆる36協定（正式名称「時間外・休日労働に関す
る協定届」）です。労働組合がない場合は挙手等で選出した労働者の
代表と締結し、必ず労働基準監督署に提出しなければなりません。

　しかし、平成25年10月に厚生労働省労働基準局が発表した調査によ
ると、中小企業の半数以上が36協定を締結していません。さらにその
うちの半数以上が、時間外労働や休日出勤があるにもかかわらず、労
使協定を締結していないということが判明しました（厚生労働省　平成
25年10月「平成25年度労働時間等総合実態調査結果」）。

　36協定の締結がなければ時間外労働を行うことができないことを改
めて認識し、労務管理をお願いします。

　一方で、労働者の自発的な時間外労働は、使用者の指示・命令によ
ってなされたものとはいえないので、労働基準法上の時間外労働とは
認められません。使用者の指示した仕事が客観的に見て正規の時間内
ではなされ得ないと認められる場合のように、超過勤務の黙示の指示
（上司の指示した業務をこなすため、必要に迫られて時間外労働をし
ているようなケース）によって法定労働時間を超えた場合には時間外
労働となります（昭25・9・14基収2983）。

　また、終業後の研修の参加も、事業所から命じられるなど事実上断

れない場合も、時間外労働となり、時間外手当の支払対象になります（平29・1・20基発0120第3）。

時間外労働に違反し、それが悪質とみなされた場合は、事業所を閉鎖せざるを得なくなる可能性もありますので、十分気を付けてください。

2　業務の効率化

時間外労働についての解説をしましたが、視点を変えて、業務を効率的かつ計画的に行い、時間外労働を減らすためにはどうすればよいかを考えてみましょう。

私達ケアマネジャーの業務は、基本的にはケアマネジメントプロセスに沿って行われているものです。

依頼を受け、初回訪問し、アセスメント、サービス担当者会議を経てケアプランを作成するまでは、最も時間を要します。他のケースの対応を並行して行わなければならないため、どうしても業務が多忙になります。個人の力量にも大きく左右されますが、やはり研修などを積極的に受けて、ケアマネジメント業務を円滑に行うためのスキルを磨くことが肝要です。

さらに業務を合理化することや簡素化することも大事なことです。しかし、一人で考えることは困難だと思いますので、管理者を中心に事業所内での話合いを行い、合理化することや簡素化することを検討してみてください。例えば、皆さんの事業所ではサービス提供票の印刷や配布をどのように行っていますか。各々のケアマネジャーが別々に印刷し、担当する事業所に持参しているという話を聞いたことがあります。この場合でも事業所内での役割分担を行えば、合理的な業務を行っていくことができるはずです。ケアマネジャーは、一人で行動することが多くありますが、事業所内の連携も重要なチームプレーだ

と思います。1か月間の事業所における業務の流れをスタッフ全員で確認してください。

　また、ハード面を向上させていくことも有効です。例えば、ICT（Information and Communication Technology）を活用したチームアプローチが近年脚光を浴びています。主治医やサービス提供事業所との連携を円滑に行うこともできますし、自分の空いている時間で参加することも可能であるため、時間を効率的に使うことができます。ICTの活用方法は、地元の行政機関に問い合わせてみてください。

　効率的かつ計画的な業務を行うためには、個人の力量を上げ、事業所内での簡素化や合理化などについての話合いを行い、ハード面も整備することで、大幅な改善が図れるのではないでしょうか。

　この事例では、必要な時間外労働を行ったと解しますが、時間外手当の支給と受領という視点では、かなりデリケートな問題も含んでいるため、客観的な必要性なども念頭に置き、適切な業務に努めましょう。そして、自分たちも業務を効率かつ円滑に遂行するためにどうすべきかを考えましょう。

3　個人情報の保護

　個人情報保護法においては、個人情報取扱事業者は、その取り扱う個人データの漏えい、滅失又はき損の防止その他の個人データの安全管理のために必要かつ適切な措置を講じなければならないとされています（個人情報20）。

　また、その従業者に個人データを取り扱わせるに当たっては、当該個人データの安全管理が図られるよう、当該従業者に対する必要かつ適切な監督を行わなければならないとされています（個人情報21）。

　個人情報を持ち出すことのリスクを管理者をはじめ、全ての従業員が自覚し、適切に管理することを常日頃から心掛け、利用者の個人情報を適切に取り扱うよう努めましょう。

144　　第3章　職場でのトラブル

アドバイス

　違法な時間外労働はする方も、させる方も、絶対あってはならないということを労使双方で意識する必要があります。「残業代を払う、払わない」だけではいつまでたっても状況は変わりません。請求する側もできれば残って仕事をしたくないし、支払う側も、できれば早く帰してあげたい、そう思っているはずです。

　それよりも、「なぜ時間外に及ぶまでの仕事が発生してしまうのか」という視点に立ち、事業所全体でこの問題に取り組む必要があります。皆で問題を明確化して、その解決過程を共有し、乗り越えていくことで、事業所自体を強くしていきます。

第 4 章

サービス提供事業者等との
トラブル

146

第4章　サービス提供事業者等とのトラブル　　147

35　サービスの利用状況とサービス提供事業所からの実績報告に違いがある

通所介護を利用している利用者がいます。

利用者より、「朝の迎えが、度々遅くなって困る。」と、相談を受けました。

しかし、通所介護事業所から届いた実績報告は予定のままで、利用者が言われている時間と異なっています。サービス提供時間区分の変更もされていません。

通所介護事業所にどのように改善を求めたらよいでしょうか。

対応のポイント

① ケアマネジャーとして、利用者の意思及び人格を尊重し、常に利用者本位の支援ができているか確認しましょう。
② サービス提供事業者間において、公正中立の立場で調整できているか確認しましょう。
③ 事実を確認し、サービス提供に際しての留意点について再確認し、利用者とサービス提供事業者のサービス提供に調整が必要か検討してください。
④ 給付管理の修正や調整が必要か検討しましょう。

解　説

1　利用者本位の支援のために

介護保険法69条の34第1項では、「介護支援専門員は、その担当する

要介護者等の人格を尊重し、常に当該要介護者等の立場に立って、当該要介護者等に提供される居宅サービス、地域密着型サービス、施設サービス、介護予防サービス若しくは地域密着型介護予防サービス又は特定介護予防・日常生活支援総合事業が特定の種類又は特定の事業者若しくは施設に不当に偏ることのないよう、公正かつ誠実にその業務を行わなければならない。」と定められています。

また、居宅介護支援事業運営基準1条の2でも基本方針について「利用者の意思及び人格を尊重し、常に利用者の立場に立って」と定められています。

利用者はサービス利用開始に際して、サービスの内容やサービスの提供方法等の説明を受け、同意の上でサービスの利用契約を結んでいます。通所介護の送迎時間についても、利用者と通所介護事業者との間で確認した上で、利用契約を結び、サービス利用が開始されています。サービスを調整する役割を担っているケアマネジャーが、サービス利用の内容が変わってしまうことにより、利用者の気持ちの変化や日常生活の流れに影響することを理解する必要があります。

2　ケアマネジャーの公正中立的な支援と客観的な判断

居宅介護支援事業運営基準1条の2では基本方針について、「利用者に提供される指定居宅サービス等〔中略〕が特定の種類又は特定の指定居宅サービス事業者〔中略〕等に不当に偏ることのないよう、公正中立に行わなければならない。」と定められています。

ケアマネジャーが利用者の立場に立って支援することは義務とされています。また、特定のサービス提供事業者にサービス提供の依頼が偏ってはならないことも当然のことです。サービスの調整を担うケアマネジメント業務においては、利用者の立場に立ち、サービス提供事業者間において、公正中立的な立場で、客観的に判断を行う必要があるでしょう。

第4章 サービス提供事業者等とのトラブル　　149

3　事実の確認とモニタリング継続と必要な調整

　ケアマネジャーはサービス利用開始に当たって、利用者の希望に沿い、ニーズに合ったサービスや支援が提供できるサービス提供事業者の利用を提案し、利用者の選択に基づいてサービス提供事業者を決定しています。さらには、サービス担当者会議において、サービス提供時の留意点を利用者とサービス提供事業者との間で確認しています。

　居宅介護支援事業運営基準13条13号で「介護支援専門員は、居宅サービス計画の作成後、居宅サービス計画の実施状況の把握（利用者についての継続的なアセスメントを含む。）を行い、必要に応じて居宅サービス計画の変更、指定居宅サービス事業者等との連絡調整その後の便宜の提供を行うものとする。」とモニタリングについて定められています。

　サービス提供の実施が計画どおり行われているか、サービスを利用することによって、日常生活がどう変化し始めたかを確認するモニタリングの機能は、ケアマネジャーが実践するケアマネジメント業務にとって大事な機能の一つです。

　当初確認した送迎の時間は、日常生活の流れの中で都合の良い時間であると判断して、利用者はサービス利用を了承したはずです。その時間に合わせて準備をしていたにもかかわらず、迎えの時間が遅れることは、利用者からすると「期待を裏切られた」思いになってしまい、苦情につながる可能性もあります。利用者は、送迎が遅れることについて、どのような思いでいるのか、時間が遅れることで日常生活に何らかの影響が及んでいるのか、サービス提供事業者から送迎が遅れることの説明がされているのか等、送迎が遅れる頻度や程度を事実として確認する必要があるでしょう。さらには、このまま送迎時間が変更になったとしても、現在利用しているサービス提供事業者の利用を継

150　　第4章　サービス提供事業者等とのトラブル

続したいと思っているのか、別のサービス提供事業者に変更したいと思っているのか、意向を確認しておくことも、利用者のサービスの選択を保障することになるでしょう。

　また、サービス提供事業者にも送迎が遅れる何らかの事情があるかもしれません。サービス提供事業所の他の利用者の利用状況の変動により送迎体制が変更になったかもしれません。この利用者の前の迎えの利用者の都合で遅れてしまった等の理由があったかもしれません。サービス提供事業者の状況や事実を確認することは、ケアマネジャーが利用者とサービス提供事業者との間に入って調整するためには、大切なことです。

　利用者の立場に立ちながら、利用者とサービス提供事業者の両方から事実と事情を確認し、相互の信頼関係を保ちながら調整することが、その後のケアマネジメントの継続性やサービス提供事業者との関係性を良好に維持するためにも必要なことです。

　サービス提供事業者には、送迎時間の変更の理由や、今後の対応について、利用者に説明をしてもらえるよう求めるとともに、送迎時間の再調整を依頼しましょう。また、利用者の希望に沿うサービス提供が可能かどうかを確認し、別のサービス提供事業者への変更も検討しなければならないかもしれません。

4　介護報酬体系を理解した適切な給付管理

　通所介護サービスの送迎時間が変更になったことで、通所介護のサービス提供時間区分が変わることもあります。予定の時間の範囲内であれば問題はありません。しかし、利用者への事実の確認において、その日の送迎時間によってサービス提供時間区分が変わってしまう疑義が生じるならば、サービス提供事業者に対して、再確認を要請しなければならないでしょう。

第4章　サービス提供事業者等とのトラブル　　　151

　居宅サービス費の給付はもちろん、利用者負担額も変わる可能性が
あります。利用者の不利益にならないよう支援することは、ケアマネ
ジャーの果たすべき役割の一つといえます。
　ケアマネジャーは、居宅サービスに関わる介護報酬の仕組みも理解
しておく必要があるでしょう。

アドバイス

　介護保険法の施行により、それまでの措置制度から利用契約に基づく
サービス利用に変わりました。サービスの選択が可能になる中で、サー
ビスに対する苦情を相談できる仕組みも確立されています。
　しかし、利用者や家族はサービス提供事業者に不満や疑問があったと
しても、支援を受けていることから、言いづらいこともあるでしょう。
ケアマネジャーは、利用者の代弁者として、利用者の声に耳を傾け、そ
の意思を尊重する態度が利用者の信頼につながるはずです。

152　第4章　サービス提供事業者等とのトラブル

36　利用者の家族とサービス提供事業所との直接の相談で、福祉用具を導入された

利用者の家族と福祉用具事業所の管理者が知り合いです。

サービス利用当初は、福祉用具の導入は必要なく、利用者・家族の希望もありませんでした。

しばらくすると、利用者の体調が悪くなったことから、家族が直接福祉用具事業所に連絡を取り、介護ベッド（福祉用具貸与）の導入を決めてしまいました。後日、福祉用具事業所からの搬入の報告で、初めて知りました。

また、「ベッドから転落して、ケガをされたら困る。」と、家族の強い希望で、ベッド柵（サイドレール）を4本貸し出していました。身体拘束になってしまうことは、福祉用具事業所は説明したようですが、家族は納得されず、言われるがまま貸し出してしまったそうです。

今回の介護ベッド及びベッド柵（サイドレール）の福祉用具貸与の給付をどのように取り扱えばよいでしょうか。また、家族に身体拘束について、どのように理解してもらえばよいでしょうか。

対応のポイント

① 利用者、家族に、サービス利用の契約時点で、居宅サービスの利用の流れ、ケアマネジャーやサービス提供事業者との関係や役割、その連携について理解してもらいましょう。

② 適正な給付管理のために、決められた手続を踏まえた支援を

第4章　サービス提供事業者等とのトラブル　　153

行いましょう。モニタリングを通じて、利用者の心身状況や介護状況の変化を確認しましょう。また、サービス提供事業者との連絡や相談を密に行い連携を図りましょう。
③　ケアマネジャーは、常に利用者の立場に立って、適切な介護や福祉用具の使用ができるよう検討し、利用者の権利を守る姿勢をとり続けましょう。

> ## 解　説

1　居宅サービス利用の流れの確認とサービス提供事業者との連携

　サービス利用開始間もない家族にとっては、以前から知り合いであった福祉用具事業所の管理者に相談しやすかったのかもしれません。また、急な体調の悪化に戸惑い、介護状況が変化し困りきって、知り合いである福祉用具事業所の管理者に連絡を取ったのかもしれません。

　しかし、公的サービスである介護保険のサービスを利用するからには、そのルールに沿った手続が必要です。介護保険サービスを利用しようとする高齢者である利用者、家族にとっては、介護保険制度の詳細な手続をサービス利用当初から理解できているわけではありません。居宅介護支援の依頼を受け、契約を取り交わす時点において、居宅介護支援の役割や支援の内容、ケアマネジャーの役割やサービス提供事業者との関係や連携について、丁寧に説明する必要があります。

　また、サービス提供事業者にも、利用者、家族の相談内容によっては、家族からケアマネジャーに連絡をしてもらうように、確認しておく必要があったでしょう。

　手続の不備によって、本来介護保険の給付となるサービス利用であ

154　　第4章　サービス提供事業者等とのトラブル

っても、給付対象にできず、自費扱い（10割負担）になってしまうこ
ともあります。利用者の不利益にならないよう、利用者、家族にも介
護保険サービス利用の手続について、十分理解してもらいましょう。

2　居宅サービス計画の変更と適正な給付管理

　この事例では、サービスの変更（福祉用具の導入）についてケアマ
ネジャーが承知をしていません。居宅サービス計画の変更やサービス
担当者会議も開催されないまま、サービスが変更されてしまった場合、
介護保険による給付ができなくなります。

　利用者の体調が悪くなってしまい、介護ベッドの使用の希望があっ
たことから、福祉用具の使用が始まっています。ケアマネジャーは再
アセスメントを行い、居宅サービス計画の変更が必要かを判断する必
要があります。再アセスメントの結果、居宅サービス計画原案を作成
し、サービス担当者会議の開催により専門的意見の聴取を行い検討が
行われることで、居宅サービス計画が確定されます。福祉用具の利用
に当たっては、主治医の見解を求めることも必要です。居宅サービス
計画の変更が行われ、定められた手続を経て、福祉用具貸与の給付管
理を行うことになります。居宅サービス計画が変更される前の福祉用
具の使用については、一連の手続がとられていなかったことから、自
費扱いでの利用となることも考えられます。福祉用具事業者と相談
し、必要によっては保険者とも相談しましょう。

3　利用者の立場に立った適切な介護のための支援

　介護保険法施行に伴い介護保険施設等では、各運営基準におけるサ
ービスの取扱方針として、「当該入所者（利用者）又は他の入所者（利
用者）等の生命又は身体を保護するため緊急やむを得ない場合を除き、
身体的拘束その他入所者（利用者）の行動を制限する行為（以下、「身

体的拘束等」という。）を行ってはならない。」としています。

　厚生労働省が示している「身体拘束禁止の対象となる具体的な行為」として、「自分で降りられないように、ベッド柵（サイドレール）で囲む。」ことが含まれています（厚生労働省　平成13年3月「身体拘束ゼロへの手引き～高齢者ケアに関わるすべての人に～」）。つまり4本のベッド柵（サイドレール）を使用することは、身体拘束に当たる行為になります。身体的拘束が常態化することで、利用者に不安や、諦めといった精神的な苦痛を与えることは、「心理的虐待」につながることになります。また、自らの行動を制限されることで、関節の拘縮や筋力低下等の身体機能が奪われてしまうことは、「身体的虐待」に該当する危険性があります。介護者の不適切な対応により、その尊厳や人権が侵害されることは許されることではありません。居宅介護支援事業運営基準1条の2（基本方針）において、「指定居宅介護支援事業者〔中略〕は、指定居宅介護支援の提供に当たっては、利用者の意思及び人格を尊重し、常に利用者の立場に立って」とされています。利用者にとって不適切な対応になっていないか、利用者の意思を確認し、利用者の代弁者としての機能を果たさなければなりません。

　一方、介護保険におけるサービス利用が、在宅生活の継続を支援するため、家族介護者の介護負担を軽減することも目的としていることから、介護者である家族の思いも受け止める必要があります。

　ケアマネジャーは再アセスメントにおいて、利用者の身体状況の変化と合わせて、利用者自身の思いを確認しましょう。ベッド上での身体の可動状況によっては、ベッド周囲をベッド柵（サイドレール）で囲ってしまうことで、行動が制限されているのか、行動が制限されることで機能低下が見込まれるか等の可能性をアセスメントします。また、ベッド上での生活を利用者自身はどのように感じ、どのようにしたいと思っているかを聞き取りましょう。家族からも利用者の状況の

変化や介護の負担感をどのように感じているのかを傾聴することが大事です。家族の思いを受け止めることで、家族とケアマネジャーとの関係性の変化にも期待できます。

その上で、身体拘束を行うことのリスクと、行わないことのリスクを整理し、身体拘束にならない対応を検討することが望まれます。不適切な対応にならないよう、代替えの対応がないのか、他の福祉用具の導入や工夫、環境の調整等、家族や関係専門職も交えて検討できるとよいでしょう。

必要によっては、保険者や地域包括支援センターにも相談し、検討の場に参加してもらい、適切な対応ができるように支援を求めることも考えられます。

アドバイス

身体拘束禁止の規定は、介護保険施設等に定められており、居宅での家族の介護に規定されているものではありません。しかし、解説のとおり、身体拘束による影響が常態化することは、不適切な対応であり、虐待と捉えられる可能性があります。

家族との信頼関係を構築し維持していくためには、慎重な対応や丁寧な支援が求められます。利用者の権利を守ることはケアマネジャーの大きな使命です。その権利が守られるように家族にも支援していく態度を続けられるようにしましょう。

第4章　サービス提供事業者等とのトラブル　　157

37　サービス内容が変わらないにもかかわらず、サービス提供事業所が提供時間を長く要求してきた

　サービス担当者会議で、訪問介護のサービス内容とサービス提供時間を確認し、サービス提供が始まりました。

　しばらくすると、訪問介護事業所から、サービス内容が変わらないにもかかわらず、「サービス提供時間が延びたから、その時間に合わせたサービス単位に変更してもらいたい。」と、サービス提供票の修正を求められました。時間が延びた理由を尋ねても曖昧な回答で、サービス提供した時間での給付管理を要求されました。

　サービス提供票を修正しなければならないでしょうか。

対応のポイント

① 　サービス提供事業者との連絡・調整を綿密に図り、サービス提供に根拠があるか確認しましょう。

② 　モニタリングの活用によりサービスの実施状況を確認し、居宅サービス計画の変更が必要か検討しましょう。

③ 　適正な給付管理をサービス提供事業者と共に確認しましょう。

解　説

1　サービス提供事業者との連携と根拠あるサービス提供

　居宅サービス事業運営基準16条において、「指定訪問介護事業者は

158　第4章　サービス提供事業者等とのトラブル

居宅サービス計画〔中略〕が作成されている場合は、当該計画に沿った指定訪問介護を提供しなければならない。」とされています。

　また、「訪問介護の所要時間については、現に要した時間ではなく、訪問介護計画に位置付けられた内容の訪問介護を行うのに要する標準的な時間とされており、利用者の心身の状況等を踏まえつつ設定する。」(「介護報酬に係るQ＆Aについて」(平15・5・30事務連絡))と示されています。

　よって、サービス提供事業者からの一方的な報告だけで、サービスの変更やサービスの変更に伴う介護報酬のサービス区分や単位の変更はできません。

　サービス提供開始に当たり、サービス担当者会議において、サービス内容の確認やサービスの所要時間を標準的な時間と照らし合わせて調整し、利用者への説明と同意を得て、サービス提供が実施されることになります。

　サービス提供時間が延びてしまう原因をしっかり確認しましょう。「当初サービス利用開始に当たって確認していた利用者の状況が変化した」「居宅サービス計画以外に利用者から別の希望や要望があった」「サービス提供を実際に行っている訪問介護員の力量による」等、その原因によっては、対応に違いが出てきます。サービス提供事業所内でアセスメントと訪問介護計画書(個別ケアプラン)の見直しの検討を依頼し、根拠あるサービスの提供ができるようにしてもらいましょう。

　サービス提供開始後は、サービスの実施状況の確認(モニタリング)を丁寧に行い、居宅サービス計画どおりのサービス提供が実施されているか把握しましょう。

第4章　サービス提供事業者等とのトラブル　　159

2　モニタリングによる情報収集と居宅サービス計画変更の検討

　居宅サービス事業運営基準17条において、「指定訪問介護事業者は、利用者が居宅サービス計画の変更を希望する場合は、当該利用者に係る居宅介護支援事業者への連絡その他の必要な援助を行わなければならない。」とされています。

　サービスの提供が開始されると、利用者の日常的な状況の情報は、ケアマネジャーよりも、サービス提供事業者の方が多く得ることになります。サービス提供事業者からの報告は、サービス実施状況の把握（モニタリング）のためには重要な情報です。

　サービス提供事業者からの報告で、利用者の生活状況が変化し、当初作成された居宅サービス計画に沿わないような状況が発生していることが確認できたり、利用者がサービスの変更を求める場合には、居宅サービス計画の変更を検討する必要があるでしょう。

　サービス提供事業者からの一方的な報告だけでなく、ケアマネジャーは利用者を含めた相互の情報交換、情報共有により、利用者及びサービス提供事業者の信頼関係を基にした調整をすることが重要だと考えられます。

3　適切なサービス提供と給付管理

　訪問介護のサービス区分やサービス提供時間について、サービス提供事業者は居宅サービス計画作成時において、居宅介護支援事業者と十分に連携を図り、利用者の心身の状況、意向を踏まえ、適切なサービスが導入されるよう検討しなければなりません。訪問介護計画の作成に際し、利用者、家族への説明を十分に行い、同意の上、サービス区分やサービス提供時間を決定します。つまりケアマネジャーと利用者及びその家族、サービス提供事業者が合意し、決定する必要があります。

160 　第4章　サービス提供事業者等とのトラブル

　サービス提供事業者のサービス提供責任者とケアマネジャーが連携を図り、ケアマネジャーが必要と認める範囲において、所要時間の変更は可能です。居宅サービス計画及び訪問介護計画の変更を行い、利用者に不利益が生じないよう適正な給付管理が望まれます。

アドバイス

　初めてサービスを利用開始するに当たっては、利用者、家族に対して、サービス利用の方法や留意点を丁寧に説明することは当然です。しかし、初めてサービスを利用する利用者、家族にとっては、サービス利用のイメージが十分にできず、また理解にズレが生じてしまうこともあります。

　特に初めてサービスを利用する利用者の場合、サービス導入後は、頻回に、より丁寧にサービスの実施状況を把握するとともに、サービス提供事業者とも情報を交換する機会を持ちましょう。利用者宅に置いてあるサービス提供の記録を確認するのも、実施の状況を確認する方法の一つです。

第4章　サービス提供事業者等とのトラブル　　161

38　通所介護の迎えの時に応答がなく、後で利用者が亡くなっていることを確認した

　一人暮らしの利用者宅に通所介護事業所の送迎担当職員が迎えに伺いましたが、応答がなかったそうです。時間を置いて再度伺ったそうですが、同じく応答がなく、送迎担当職員は事業所に戻ったそうです。

　その後、通所介護事業所より迎え時の状況報告があり、心配になったので、利用者の自宅を訪問しました。その利用者は、残念なことに自宅の居間で倒れ、亡くなっていました。

　このような緊急事態の時、どのような対応をしたらよいのでしょうか。また、サービス提供事業者と緊急事態に備えてどのようなことを確認しておいたらよいでしょうか。

対応のポイント

① 　サービス提供事業者の緊急時の対応を確認しておきましょう。
② 　ケアマネジャーとサービス提供事業者との緊急時の対応方法や連絡方法を取り決めておきましょう。
③ 　家族との緊急時の連絡体制を確認しておきましょう。

解　説

1　サービス提供事業者の緊急時の対応方法の確認

　居宅サービス事業運営基準100条において「指定通所介護事業者は、

指定通所介護事業所ごとに、次に揚げる事業の運営についての重要事項に関する規程〔中略〕を定めておかなければならない。」とされ、定められる重要事項の中には、「緊急時等における対応方法」が含まれています。

　サービス提供開始に当たっては、サービス提供事業所が、緊急時にどのような対応を行うのかを確認しておくことは大切なことです。緊急時の対応方法は、サービス提供事業所ごとに異なります。これは通所サービスに限らず、他の訪問サービス等についても同様です。

　それぞれのサービス提供事業所が、緊急時にどのような対応ができて、利用者の生活状況や希望と合致するのか、サービス提供事業所を選択する材料の一つになり得る内容だと考えられます。特に一人暮らしの利用者については、サービス利用契約において、利用者やその家族が、想定できる緊急事態への対応についてイメージでき、その対応に納得できるような説明をサービス提供事業者に依頼しておくとよいでしょう。また、ケアマネジャーもその内容を十分に確認しておく必要があるでしょう。

2　ケアマネジャーとサービス提供事業者との緊急連絡の方法や対応の確認

　通所サービスにおいて、送迎時等の訪問で様々な緊急事態が想定されます。この事例のように迎え時に応答がなく、不幸にしてお亡くなりになっていた、又は、病状の急変で動くことができない状態になっていた、サービスを失念し利用者が外出していた、ということもあるでしょう。

　通所サービスの送迎では、他の利用者と乗り合いの送迎方法が行われていることがほとんどです。既に他の利用者が乗車中かもしれません。他の利用者を送迎車内で長い時間待たせることもできません。次に迎えに行かなければならない他の利用者がいるかもしれません。送

迎担当者は、サービス提供事業所の定める緊急時の対応方法にのっとり、対応することになるでしょう。状況に応じては、サービス提供事業所の責任者に連絡を取り、指示を仰ぐことにもなります。その際、どのタイミングでケアマネジャーや家族に連絡を取るのかを確認しておきましょう。

　サービス提供事業者は、他の利用者へのサービス提供もしなければなりません。緊急事態の処理を送迎担当者が引き続き行うことは難しいかもしれません。しかし、利用者の緊急事態に対して、可能な限り迅速に対応し、処理することは利用者の命に関わるかもしれない大切なことです。

　たとえサービス提供事業者からケアマネジャーに緊急事態の連絡が行われたとしても、ケアマネジャーもすぐに動けるか分かりません。サービス提供事業者若しくはケアマネジャーが、家族への連絡や対応の依頼を行うことになるでしょう。状況に応じた緊急時の連絡方法を事前に関係者で確認しておくことが、できるだけ早い対応を可能にすることになるでしょう。

3　家族の緊急時の理解と協力

　高齢者一人の生活には様々なリスクを伴うことがあります。家族と同居していたとしても、緊急事態に陥ることはあり得ます。家族の同居、別居にかかわらず緊急事態に備えて、想定できる事態の理解と、その時の対応方法を確認しておくことが必要でしょう。

　要支援・要介護認定を受けている高齢者は、何らかの既往症があります。病状が急変する可能性がある疾患もあるかもしれません。ケアマネジャーがアセスメントの過程において、疾病の情報を収集し、必要によっては主治医から専門的意見を聴取する中で、既往症を原因とする急変の可能性や予兆、対処方法等を家族、サービス提供事業者も

164　　第4章　サービス提供事業者等とのトラブル

含めて、サービス担当者会議等を通じ確認し、情報を共有しておきましょう。

アドバイス

　緊急事態が発生した時点で、事前に確認していた緊急連絡がスムーズに取れるとは限りません。そのような可能性も関係者であらかじめ確認し、相互の協力の了解を得ておく必要があるでしょう。

　また、居宅介護支援事業所内においてもケアマネジャー同士が、緊急時の連絡方法や対応について考える機会を作り、事前に確認しておくことが望まれます。

　連絡が遅れてしまったなど、スムーズに対応できなかったことの原因を探り、将来のために生かすことは大事なことです。しかし、そのことを追求するあまり、関係者間の信頼関係に影響を及ぼしてしまうことは、以降の利用者支援にとって、決して良いこととはいえません。お互いを信頼する行動が必要です。

第4章　サービス提供事業者等とのトラブル　　　165

39　サービス提供事業所が過剰な介助やケアプランに沿わないサービス提供をしている

　要介護1で、通所介護を利用している利用者（ADLの自立度は高い）がいます。

　モニタリングに伺うと、通所介護利用で、入浴時の着脱衣や洗身、靴の脱ぎ履き等、利用者が自分でできることまで介助や手助けがされていることが分かりました。利用者は、「細かなところまで気配りしてもらって、ありがたいけど、何から何までしてもらって申し訳ない。」とおっしゃっていました。また、個別機能訓練について、「満足する訓練をしてもらっていない。時々訓練を担当する職員がいないことや、違う職員が訓練をすることがある。」と、サービス内容や事業所の職員配置に疑問を感じているようです。

　自立支援を損なう過剰なサービスやケアプランに沿わないサービス提供をどのように事業所と調整したらよいでしょうか。

対応のポイント

① 　モニタリングにおいて、サービス提供事業所の対応に疑問が生じた場合は、ケアマネジャーが直接サービス提供事業所に確認しましょう。

② 　サービス担当者会議において、目標やサービス内容が共通認識されているか、確認をしましょう。

③ 　事実が確認され、改善を求めても改善が見られない場合には、

166　　第4章　サービス提供事業者等とのトラブル

利用者や家族と相談し、サービス提供事業所を変更することも検討しましょう。

解　説

1　的確なモニタリングの実施

モニタリングの居宅訪問時に、この事例のような相談を受けることがあります。サービス提供事業所に問い合わせると「そんなことはない。」と言われ、利用者にそのことを回答すると「信頼されていない。」となり、両者に挟まれ、対処に困ってしまうこともあるでしょう。

モニタリングとは、利用者の居宅を訪問して、利用者、家族と面接することだけではありません。居宅サービス計画（ケアプラン）に沿ってサービスが提供され、利用者の生活が目標に近づいているかどうかを確認するものです。ケアプランに沿ってサービスが提供されていないのであれば、なぜ提供されていないのか、その原因を探る必要があります。目標に向かっていない、近づけていないのであれば、その原因を探る必要もあり、目標を再設定する必要があるかもしれません。その原因を確認するためには、サービス提供事業所を訪問し、サービス提供場面を直接確認するなど、サービス提供事業所の担当者と連絡を取り合わなければ、事実を確認することはできないでしょう。

モニタリングは、「居宅サービス計画の作成後、居宅サービス計画の実施状況の把握（モニタリング）を行い、必要に応じて居宅サービス計画の変更、サービス事業所等との連絡調整を行うものとする。」とされ（居宅介護支援事業運営基準13十三）、また、「モニタリングに当たっては、少なくとも1月に1回、利用者の居宅を訪問し、面接することにより行わなければならない。」とされています（居宅介護支援事業運営基準13十四）。

第4章　サービス提供事業者等とのトラブル　　167

　利用者の居宅に訪問し、利用者、家族から直接情報を得ます。サービス提供事業所からのサービス利用状況の報告と合わせ、今後もそのケアプランを継続するか、変更する必要があるか、サービス利用を継続するか、中止するかを総合的に判断します。さらには、その内容を記録することで、モニタリングが完結します。居宅に訪問することのみが、モニタリングではないことを十分理解するようにしてください。

2　サービス担当者会議の活用

　ケアプランどおりのサービス提供が行われていないことが明らかになったとき、その原因を明らかにする必要があることは、上述したとおりです。ニーズに合わせてケアプランに位置付けた介護や支援をサービス提供事業所の都合で行わない場合は、すぐに改善を求めましょう。

　サービス提供事業所の都合だけではなく、利用者、家族の状況が変化して、サービス提供が難しくなったとも考えられます。モニタリングや再アセスメントを実施しサービス担当者会議を開き、なぜ、それができないのかを明らかにするべきです。ケアマネジャーだけが考えていても、原因が明らかにならず、解決策がなかなか見いだせないこともあります。関係者が集まり、共通の課題を認識することで、課題となっている原因が明らかになり、新たな対応方法や解決策が出てくることもあります。

　ケアマネジャーとサービス提供事業所の認識の違いによって、問題が発生しているときも、サービス担当者会議を有効的に活用しましょう。

3　サービス提供事業所の変更の検討

　自立支援は介護保険制度の共通理念であり、介護保険事業に関わる

168　第4章　サービス提供事業者等とのトラブル

関係者は理解しておかなければなりません。ケアプランに記載されていても、記載されていなくても、過剰なサービスは、自立を支援するどころか、心身の機能を低下させてしまう可能性もあります。もしそのような事実があるならば、サービス提供事業所に改善を求める必要があるでしょう。それでも改善されなければ、居宅介護支援事業所として、サービス提供事業所に事業所変更等の申入れを行うこともあるかもしれません。その利用者のサービス提供事業所を変更しただけでは、問題の解決になりません。他のケアマネジャーも、そのサービス提供事業所に依頼している利用者がいます。今後もそのサービス提供事業所のサービスの利用は継続します。改善を求めることは、利用者への支援の向上につながるはずです。サービス提供事業所を尊重し、利用者への対応について改善を求めることです。このまま放っておくと困るのは、利用者、家族であることを十分理解してもらわなければなりません。

　ここで、注意しておきたいのは、担当しているケアマネジャーだけがこのような状況の対応に追われ、居宅介護支援事業所の管理者が把握していないことです。全てを担当ケアマネジャーに任せるのではなく、所属するケアマネジャーの状況把握に努め、必要な指導、助言を行うことが管理者の責務でもあります。

アドバイス

　自立支援は介護保険制度の共通の理念です。このことが損なわれると、利用者への支援の基盤は崩れてしまいます。過剰なサービスは利用者の自立を妨げるどころか、要介護状態を重くする要因にもなります。介護保険事業に関わる全ての従事者が自覚すべき大事な点です。ケアマネジャーは介護保険制度の要であり、自立支援について十分理解するようにしてください。

第4章　サービス提供事業者等とのトラブル　　169

40　サービス提供事業所の職員が、ケアマネジャーとサービス提供事業所の変更を勧誘する

　現在利用している通所介護事業所の職員が、別の通所介護事業所を併設する居宅介護支援事業所にケアマネジャーとして転職する予定です。

　その職員は、自分の担当している利用者に、「転職予定の併設居宅介護支援事業所のケアマネジャーに変更すれば、デイサービスの利用回数を増やせる。」と、ケアマネジャーと通所介護事業所の変更を勧めています。利用者は、新しい事業所であることと、気に入っている職員であることから、その気になっています。

　事業所を選ぶのは利用者ですが、その職員の行動に納得がいきません。

対応のポイント

① 　自らの事業所の利益供与のために、不正確な情報で利用者を誘導することは禁じられていますので、管理者に相談することも考えましょう。
② 　正しい情報の提供により、サービスの選択ができるように支援しましょう。

解　説

1　サービス提供事業所からの利益収受の禁止

　この通所介護事業所の職員の行動は適切とはいえません。自らの事

業所の利益のために、利用者に直接働きかけて、サービス利用の選択を誘導することは、全てのサービスの運営基準で禁止されています。

　特にサービス提供事業所の選択や変更について、居宅介護支援事業運営基準25条において「指定居宅介護支援事業所の介護支援専門員は、居宅サービス計画の作成又は変更に関し、利用者に対して特定の居宅サービス事業者等によるサービスを利用すべき旨の指示等を行ってはならない」、また、「指定居宅介護支援事業者及びその従業員は、居宅サービス計画の作成又は変更に関し、利用者に対して特定の居宅サービス事業者等によるサービスを利用させることの対償として、当該居宅サービス事業者等から金品その他の財産上の利益を収受してはならない」とされています。

　ケアマネジャー自身が事業所の利益を得ることを目的として、別の居宅介護支援事業所の利用を誘導することは、適切ではありません。常に公正中立の立場でいなければならないことを自覚しましょう。

　また、このような行動は、現在所属する事業所の就業規則等に抵触することも考えられます。職業倫理として、所属する事業所の規程を遵守しなければなりません。

　ケアマネジャー自身が公正中立の立場を任されている身であることを自覚して、専門職として、高い倫理意識を持ちましょう。

　自身の職業的立場を高めるのも、まずは、高い倫理意識を持つことから始まります。適切な介護保険制度の運用のために、サービス提供事業所の管理者に相談することも考えましょう。

2　正しい情報の提供によるサービスの選択の支援

　サービスを選ぶことは、利用者に自己選択の自由があるということです。ケアマネジャー自身も業務を振り返ったときに、利用者が自由にサービスやサービス提供事業所を選べるように、十分な説明ができ

第4章　サービス提供事業者等とのトラブル　　　171

ているでしょうか。意思決定を支援することは、理解、納得ができる
ような説明を行うことです。ケアマネジャーとしての説明力につい
て、振り返ってみましょう。

　本来は、利用者の要介護状態の改善や、自立した生活の実現のため
に支援を提供してもらえるサービス提供事業所が選ばれるべきです。
「家から近い」「価格が安い」「設備がきれい」、また、この事例のよう
に、「○回通える」ということが、選択基準になっている現状がありま
す。例えば、通所介護事業所でいえば「通うことが心地よい」ことだ
けが選択基準になるのではなく、目標を達成でき、要介護状態が改善
し、自立に向けた支援をしてもらえることが、選択基準になるべきで
す。介護保険の理念である、自立を具体化するためにも、サービス提
供事業者やケアマネジャーは、そのことを利用者に伝えることが必要
だと思います。

アドバイス

　居宅介護支援事業運営基準24条では、「指定居宅介護支援事業者は、指
定居宅介護支援事業所について広告をする場合においては、その内容が
虚偽又は誇大なものであってはならない」とされ、誇大な広告を行うこ
とも禁止されています。広告とは、紙やインターネットの宣伝媒体だけ
でなく、口頭でも十分広告になり得ます。「うちの事業所を選んでくれ
れば、…」という発言は、結果的に宣伝し、利益を誘導していることに
なり、避けるべき言動であることはいうまでもありません。

172　第4章　サービス提供事業者等とのトラブル

41　生活保護受給者と分からずに給付管理を行ってしまった

　新規の契約を交わした利用者がいます。

　その利用者は、生活保護を受給していました。しかし、本人からそのことについての申出はなく、生活保護受給者と分からずに、サービス利用の利用者負担1割での給付管理をしてしまいました。

　給付管理を間違えてしまった場合、どのような対応が必要でしょうか。

対応のポイント

①　利用者の基本情報をしっかり収集しましょう。

②　誤った給付費が支払われた場合には、過誤調整が必要になります。過誤調整の手順を確認しましょう。また、サービス提供事業所にも早急に連絡を取り、謝罪するとともに、今後の手続や対応を相談しましょう。

③　給付管理票を間違って提出しても、修正の手続を行うことで、正しい給付に修正できます。

解　説

1　利用者の基本情報の収集

　この事例の場合、本人から生活保護を受給しているという申出がありませんでした。しかし、生活保護受給の情報は、給付に係る重要な

第4章 サービス提供事業者等とのトラブル　　173

情報です。利用者からすると介護保険とは関係のない情報であり、「他人に知られたくない。」と思って、言えなかったのかもしれません。

　利用者との信頼関係がまだ築けていない中で、得られない情報もあるかもしれません。アセスメントのための情報収集では、どうしてその情報が必要なのか、丁寧に説明し、利用者の理解、信頼を得ながら情報収集に当たりましょう。

　課題分析標準項目で、利用者の被保険者情報（介護保険、医療保険、生活保護、身体障害者手帳の有無等）については、収集すべき情報としています（平11・11・12老企29別紙4別添）。介護保険被保険者証や負担割合証などは必ず確認しましょう。

2　過誤調整手続とサービス提供事業所への対応

　介護保険法第10章「国民健康保険団体連合会の介護保険事業関係業務」では、176条に

「連合会は、国民健康保険法の規定による業務のほか、次に掲げる業務を行う。

　　一　〔中略〕市町村から委託を受けて行う〔中略〕請求に関する審査及び支払」

と規定されています。

　介護給付費の請求方法や手続については、各都道府県国民健康保険団体連合会が発出している手引き等を確認しましょう。

　過誤調整とは、保険者（市区町村）から支払われる介護報酬額が決定している場合、又は、既に支払が完了しているものに対して誤りが見つかった場合、その請求自体を取り下げ、改めて請求し直すことをいいます。過誤調整を行うには、保険者と国民健康保険団体連合会による、取下げ内容の審議を受けなければなりません。取下げが認められ「介護給付費過誤決定通知書」が事業所に届き次第、正しい請求明

細書を国民健康保険団体連合会に提出します。

（1）　過誤調整の方法

過誤調整は、請求明細書単位で処理されます。複数のサービスが記載されているうちの一項目のみ取り下げたい場合でも、同じ請求明細に記載されている全てのサービスが取下げの対象となります。

過誤の申請ができるのは、国民健康保険団体連合会の審議を経てからになります。申請期日から「介護給付費過誤決定通知書」が届くまでのスケジュールをしっかり確認して申請を行います。月の申請締切日は、保険者によって異なるため、介護保険給付担当部署と連絡を取り進めてください。

過誤金額が請求金額を超えてしまった場合は、差額分を現金で支払わなければなりません。一度に複数の過誤調整を行う場合、多額の金額が一旦返還されることになります。事業所の経営に影響を及ぼすことも考えられますので、十分に配慮をする必要があります。

本来請求すべき金額を誤ってしまったり、利用者のサービス実績を誤って請求してしまったり、過誤調整が必要となる原因は様々です。一度に多くの過誤が発覚すれば、過誤申請に大変な負担が生じるだけでなく、事業所の経営に大きなダメージを与えるおそれもあります。日頃から自主点検を徹底するよう心掛けましょう。

（2）　通常過誤と同月過誤

国民健康保険団体連合会の審査を通過し、支払が完了したものを一旦取り下げ、再請求を行うものを「通常過誤申請」と呼びます。毎月の締切日の前に、提出した申請を取り下げ、同じ締切日までに内容を修正し、再請求を行うものを「同月過誤申請」と呼びます。この違いも把握しておきましょう。過誤の件数が多量に発生した場合、返還される金額が多額になると、事業所の経営に影響します。過誤申請は大切な手続です。頻繁に発生してはならない事態です。その手続方法は

第4章　サービス提供事業者等とのトラブル　175

十分理解、把握をしておきましょう。

(3)　サービス提供事業所への対応

サービス提供事業所の請求に影響が及び、過誤調整が必要な給付管理の誤りが判明した場合、該当するサービス提供事業所に早急に連絡を取りましょう。謝罪と併せて、今後サービス提供事業所に対応してもらう手続を確認し、その対応を依頼します。前述のように、給付費が支払われないことで、事業所の経営に大きな影響を与えることもあります。連絡や手続が遅れることで、サービス提供事業所との信頼関係を崩してしまう可能性もあります。誠意ある対応を心掛けましょう。

3　給付管理票の修正

この事例の場合、給付管理票の修正作業が必要になります。一旦提出した給付管理票に対して、修正した給付管理票を再提出してください。もし、給付費が支払われていたら、過誤調整をする必要があります。

アドバイス

40歳以上65歳未満の生活保護受給者は、介護保険被保険者ではないことから、要支援・要介護認定を受けていたとしても、介護保険被保険者証は発行されません（生保15の2①、介保7③④）。身体障害認定や生活保護受給などが判明し、他の施策におけるサービス利用の可能性や優先利用の規定がある場合には、それぞれの担当ケースワーカーにもサービス利用前に確認しましょう。

176　　第4章　サービス提供事業者等とのトラブル

42　利用者情報が不十分であり、実際の状況からサービス提供できないと、利用を断られた

　　認知症の症状のある利用者が、短期入所サービスを初めて利用することになりました。利用者、家族との事前面接を行い、サービス提供事業者である施設に普段の状況の情報提供をしました。

　　しかし、短期入所利用2日目に、「事前に聞き取った情報と全く状況が違う。特に夜間は、施設で対応ができる状態ではない。」と、以降の利用を断られました。

　　どのように利用者の普段の状態を情報提供したらよいのでしょうか。また、利用者の状態の違いにより、受け入れられる施設をどう選んだらよいのでしょうか。

対応のポイント

①　短期入所サービス利用中の様子（特に夜間の様子）を確認し、自宅での状況との違いを検証し、認知症を診断した主治医に相談しましょう。

②　短期入所サービスの利用目的の一つであるレスパイトが必要な状況を再度事業所と共有しましょう。

③　認知症の対応が可能な他の短期入所サービス事業所の利用を検討しましょう。

解　説

1　サービス利用中の状況確認と主治医への相談

　認知症の症状のある高齢者は、暮らし慣れた場所から施設や病院に

第4章　サービス提供事業者等とのトラブル　　177

入所、入院するなどの急な環境の変化に対応できず、BPSDが起きや
すくなります。初めての短期入所施設では、自宅の様子と違う状態が
現れた可能性は考えられます。

　居宅サービス事業運営基準126条には、「医療介護連携を行い、短期
入所介護の提供の開始前から終了後に至るまで利用者が継続的に利用
できるように必要な援助に努めるように」と、医療との連携による支
援を行う必要性が明記されています。

　自宅での様子と、初めて利用した短期入所サービス利用中の様子を
もう一度聞き取り、主治医に対応の相談をしましょう。利用前にサー
ビス担当者会議で短期入所サービス事業所である施設も聞き取りを行
っているはずです。利用中の様子が違った場合は、なぜ利用者がその
ような状態になったのかを理解し、どうしたら利用できるのかを相談
することが大切です。

2　短期入所サービスのレスパイト利用の理解

　「短期入所生活介護におけるレスパイトケアのあり方及び在宅生活
の継続に資するサービス提供の在り方に関する調査研究事業報告書」
（一般社団法人日本介護支援専門員協会　平成27年3月）では、短期入所介護
利用の目的は、介護者家族の負担軽減（レスパイト）が約80％となっ
ています。短期入所サービスを利用することで肉体的・精神的疲労軽
減になっているという結果があります。この「家族の疲労軽減」は在
宅生活の継続につながります。

　居宅サービス事業運営基準126条では「指定短期入所生活介護事業
者は、利用者の心身の状況により、若しくはその家族の疾病、冠婚葬
祭、出張等の理由により、又は利用者の家族の身体的及び精神的な負
担の軽減等を図るために、一時的に居宅において日常生活を営むのに
支障がある者を対象に、指定短期入所生活介護を提供するものとす

178　　第4章　サービス提供事業者等とのトラブル

る。」とされています。家族が、短期入所サービスを利用するに至った
経緯をもう一度確認し、短期入所サービスを利用できなかったときの
リスクについて確認しましょう。

3　短期入所サービス事業所の再検討

前述の「短期入所生活介護におけるレスパイトケアのあり方及び在
宅生活の継続に資するサービス提供の在り方に関する調査研究事業報
告書」の調査では、短期入所サービス事業所が新規利用者を断る理由
として、「BPSDの状況に対応できない」が約60%という結果がありま
す。夜間の人員配置などを考えると他の利用者の介護への支障がある
場合、利用を断られることもあります。

居宅サービス事業運営基準では、「指定短期入所生活介護事業者は、
正当な理由なく指定短期入所生活介護の提供を拒んではならない。
が、困難と認めた場合は適当な他の指定短期入所生活介護事業者等の
紹介その他の必要な措置を速やかに講じなければならない。」とされ
ています（居宅サービス事業運営基準140・9・10）。

主治医に相談した後、介護や対応方法を相談しても、短期入所サー
ビス事業所として受入れが難しいと判断された場合は、他に対応可能
な短期入所サービス事業所がないか、その短期入所サービス事業所と
相談することが必要です。

ケアマネジャーはサービス利用が困難となる根拠をモニタリング
し、次の利用を検討する事業所に、その内容を伝えることが必要です。

短期入所サービスは、特別養護老人ホームだけでなく、グループホ
ームや特定施設（有料老人ホーム）等にもあります（介保8⑨、老福5の2
④）。離れた地域でも対応できる施設がないか検討してください。

確認すべき視点を見直し、もう一度アセスメントを行い、短期入所
サービス事業所に情報提供しましょう。短期入所サービスの利用が必

第4章　サービス提供事業者等とのトラブル　　　179

要となった理由を明確にして、利用できなかった場合、どのようなリスクが生じるのか、明確に示していきます。主治医の意見も踏まえ短期入所サービス事業所とニーズを共有し、利用者と家族の在宅生活が継続できるように支援を行いましょう。

アドバイス

　短期入所サービス事業所も、認知症の利用者の対応が難しいことがあります。主治医に相談し、得られた助言を短期入所サービス事業所にも伝え、どのように支援をすると利用者が安定した生活が送れるかを一緒に考えましょう。ケアマネジャーだけでなく、多職種で検討することで良い支援が導かれ、在宅生活が継続できるように支援しましょう。

43 虐待が懸念されるが、ADLの改善に伴い退所せざるを得ない

　娘からの虐待があり、行政や地域包括支援センターが相談し、介護老人福祉施設（特別養護老人ホーム）に入所した要介護1の利用者がいます。

　入所3年が経ち、施設での生活にも慣れ、心身の状態も安定し、特にADLの状態は改善されています。

　現在の状態では、要介護認定更新で要介護状態が見込まれず、要支援認定になったら、退所しなければなりません。

　退所するといっても、娘が在宅生活を受け入れるかも分かりません。このまま自宅に戻ったら、再び虐待が行われる可能性もあります。施設のケアマネジャーとしては、どのように対応したらよいでしょうか。

対応のポイント

① 　現在の家族の状況を確認しましょう。再び虐待が行われる可能性があるかを検討します。

② 　在宅復帰の可能性や、在宅での介護や支援について検討するため、行政や地域包括支援センターと共に地域ケア会議（個別レベル）が開催できるようにしましょう。

③ 　介護者の支援も考えながら、利用者本位の支援を行えるように検討しましょう。

第4章　サービス提供事業者等とのトラブル　　181

解　説

1　3年間の経緯の確認

　3年前に施設入所に至るには、居宅介護支援事業所のケアマネジャーと行政、地域包括支援センターなど関係機関が協議し、利用者と家族との分離が望ましいとの判断があったと思われます。施設も自宅での生活が困難との判断を理解し、入所に至っていると思われます。現在の各関係機関の担当者がそのことを把握しているのか、確認が必要です。

　この3年間で、介護者の介護力に変化が生じているかもしれません。家族の現状を確認し、安定した環境で介護ができる体制が整っているのであれば、自宅へ戻ることの検討も必要です。自宅に戻る場合、どのような支援が必要か、自宅に戻ることで介護者の負担が増し、同じことの繰り返しにならないか等の検討が必要です。

　また、施設から在宅に戻った場合に、利用者の心身状況の変化の予測をアセスメントし、在宅復帰の可能性を検討する必要があります。施設のケアマネジャーが、退所に向けた相談や支援の全てを担うのではなく、多職種の専門性を活かした情報収集や確認等の協働作業が重要です。

2　地域ケア会議（個別レベル）の開催

　厚生労働省は、「市町村・都道府県における高齢者虐待への対応と養護者支援について」（厚生労働省　平成30年3月）の「Ⅰ　高齢者虐待防止の基本」の留意事項として「高齢者虐待の事例に対しては、担当者一人の判断で行うことを避け組織的な対応を行うことが必要です。相談や通報、届出を受けた職員は、早急に高齢者虐待担当の管理職やそれに準ずる者などに相談し、相談等の内容、状況から緊急性を判断する

とともに、高齢者の安全や事実確認の方法、援助の方向などについて組織的に判断していく必要があります。特に、高齢者の安全や事実確認のための調査では、担当者一人への過度の負担を避け、また客観性を確保するなどの視点から、複数の職員で対応することを原則とします。」としています。ケアマネジャーが一人で解決することを考えず、関係機関が協力して検討できる体制を作ることが必要です。

　3年前に施設入所に至った経緯を基に、今後「要支援」の認定となった場合、介護老人福祉施設（特別養護老人ホーム）の入所継続ができなくなることを踏まえ、行政や地域包括支援センターと相談し、地域ケア会議（個別レベル）の開催を促し、今後の支援について検討していくことが必要です。施設入所中は施設のケアマネジャーが担当ケアマネジャーとして、行政や地域包括支援センターにも地域ケア会議（個別レベル）に出席してもらい、今後、自宅に戻った場合、生命や身体に関わる危険性が高いおそれがないかを検討します。家族の現状の確認を行い、家族も安心して介護ができる環境が整った後、自宅へ戻ることの検討も必要です。自宅に戻るなら、どのような支援や介護体制を整える必要があるかも地域ケア会議（個別レベル）で検討しましょう。ケアマネジャー一人で責任を背負うのではなく、関係機関が関わって解決方法を検討しましょう。

3　利用者主体と介護者支援

　要支援認定が出た場合でも、自宅に戻ると虐待の危険が予測されるのであれば、介護老人福祉施設（特別養護老人ホーム）以外でも、要支援者が安全に生活できる環境を検討し、提案していくことが必要です。施設以外にも何らかの支援により地域で一人暮らしが可能であるかも検討できます。

　「高齢者に対する虐待の防止、高齢者の養護者に対する支援等に関

第4章　サービス提供事業者等とのトラブル　　183

する法律」（平成18年4月1日施行）では、「養護者の負担の軽減のため、養護者に対する相談、指導及び助言その他必要な措置を講ずるものとする。養護者の心身の状態に照らしその養護の負担の軽減を図るため緊急の必要があると認める場合に高齢者が短期間養護を受けるために必要となる居室を確保するための措置を講ずるものとする。」とされています（高齢虐待14）。介護者の支援に関しても、どのような機関が連携するのか、地域ケア会議（個別レベル）で検討することも忘れず行ってください。

アドバイス

　高齢者への虐待は、重大な課題です。「高齢者に対する虐待の防止、高齢者の養護者に対する支援等に関する法律」を基に、各行政で対応マニュアルを作成しています。ケアマネジャーが一人で悩まず、行政や地域包括支援センター等に相談して、利用者がどこでどのような生活を営むことが望ましいのか多職種で対応を検討しましょう。

184　第4章　サービス提供事業者等とのトラブル

44　サービス提供事業者が急に閉鎖することになった

> 通所介護事業所から、「2週間後に事業所が閉鎖になる。」と連絡を受けました。
> 　利用者からは、「せっかく慣れてきたのに困る。他に利用できる所があるのか。」と、不安の相談がありました。
> 　どのように対応したらよいでしょうか。また、今後、利用者が不安にならないよう、どのようにしたらよいでしょうか。

対応のポイント

① 　ケアマネジャーとして閉鎖の時期など事実を確認し、これまでのサービス提供事業所の利用者への対応を確認しましょう。
② 　新たに利用できる通所介護事業所を選択する支援を速やかに始めましょう。
③ 　利用者の不安は何かを明確にして、不安が解消できるように対応しましょう。

解　説

1　閉鎖の時期とこれまでの対応の確認

通所介護事業所が閉鎖になり、その事業所のサービスが利用できなくなる利用者と共通認識を持ちましょう。「困った」と立ち止まる利用者に、次のサービス利用に向けた支援が必要です。

介護保険法75条2項において、「指定居宅サービス事業所は、当該指定居宅サービスの事業を廃止し、又は休止しようとするときは、厚生

労働省令で定めるところにより、その廃止又は休止の日の1月前までに、その旨を都道府県知事に届け出なければならない。」、また、地域密着型サービスについても同法78条の5第2項において、「指定地域密着型サービス事業者は、当該指定地域密着型サービス（地域密着型介護老人福祉施設入所者生活介護を除く。）の事業を廃止し、又は休止しようとするときは、厚生労働省令で定めるところにより、その廃止又は休止の日の1月前までに、その旨を市町村長に届け出なければならない。」としています。

この事例では事業所の閉鎖まで2週間という短い期間ですが、利用者が困らないよう支援していきましょう。

2　新たに利用できる通所介護事業所を探すために

利用者の「慣れてきた。」という言葉を尊重し、現在利用している通所介護事業所について、どのようなところが気に入っているのか等の話を聞きましょう。活動内容が同じような通所介護事業所が良いのか、自宅に近い通所介護事業所が良いのか、入浴サービスの設備等、利用者の希望を確認しましょう。

介護保険法78条の4第7項、115条の14第7項、115条の24第5項では「事業の休廃止時における利用者等に対する継続的なサービスの確保を図るため、事業を休廃止しようとする事業者に対し、利用者等の継続的なサービス確保のための便宜提供を義務付けるものであること」とされています。

新たな通所介護事業所を提案する際も、現在の通所介護事業所と協力しながら、複数の通所介護事業所を提案し、必要に応じ見学に行くなど、利用者が選択できるようにします。常に利用者が主体的に決定できるようにケアマネジャーは支援を行います。

3 利用者の不安の解消に向けた支援

　利用者の不安は、漠然としていて、上手く説明できないことがあります。「やっと慣れてきたのに、また一からやり直しになる」ことは、一言で表せば「不安」となります。

　不安の内容は、新たな通所介護事業所で

① 　活動プログラム内容は同じようなことができるのか

② 　職員がどんな人か

③ 　他の利用者と仲良くできるか

④ 　食事は美味しいか

⑤ 　事業所は遠くなるのか

等、いろいろ考えられます。

　利用者が漠然と持つ「不安」を明確にすることで、それぞれの不安にどのように対処すれば、軽減、解消できるかを提案できると思います。

アドバイス

　仲の良い他の利用者の移行先と同じ通所介護事業所を望むか等の確認をする際、個人情報の問題が発生することもあります。現在の通所介護事業所にも協力してもらいましょう。

　日頃から地域の社会資源の把握に努め、速やかなサービス選択の支援ができるようにしましょう。

第4章　サービス提供事業者等とのトラブル　　187

45　利用者の苦情をサービス提供事業者が苦情として認めない

　利用者より、担当しているヘルパーに対する苦情相談がありました。

　ヘルパー事業所のサービス提供責任者に苦情の内容を伝え、事実の確認と、利用者への説明をお願いしました。

　数日後、ヘルパー事業所の管理者より、「ヘルパーに苦情の内容を確認したが、「苦情を言われるような事実はない」と言っている。そのようなことを言われるなら、サービス提供を断りたい。」と、連絡がありました。

　利用者の苦情の解決に向けて、サービス提供事業者には対応する責任があると思います。ケアマネジャーとして、どのように対応したらよいでしょうか。

対応のポイント

① 　利用者の言葉を受け止め、主訴の整理をしましょう。
② 　誰が悪いのかを判断するのではなく、改善に向けた解決を考えましょう。
③ 　ケアマネジャーは客観的な視点を持って対応しましょう。

解　説

1　苦情の理解

　「苦情」とは、「被害を受けたり、不公平な扱いをされたり、迷惑を

受けたりしたことに対する、不満・不快な気持ち。また、それを述べた言葉。」（松村明編『大辞林第三版』（三省堂、2006））とされています。

　苦情については、居宅サービス事業運営基準36条では、「指定訪問介護事業者は、提供した指定訪問介護に係る利用者及びその家族からの苦情に迅速かつ適切に対応するために、苦情を受け付けるための窓口を設置する等の必要な措置を講じなければならない。」とされています。まずは苦情を受け付け、事実の確認や解決に向けた話合い等の対処が義務付けられています。

　また、社会福祉法82条では、「苦情解決の仕組み」で取り扱う苦情として「社会福祉事業の経営者は、常に、その提供する福祉サービスについて、利用者等からの苦情の適切な解決に努めなければならない。」とし、福祉サービスにおいては、苦情を、「利用者の声」として捉え、サービスの質の向上につなげることが重要であり、苦情解決には、事業者の真摯な対応が求められています。

　居宅介護支援事業運営基準26条は、「指定居宅介護支援事業者は、自ら提供した指定居宅介護支援又は自らが居宅サービス計画に位置付けた指定居宅サービス等〔中略〕に対する利用者及びその家族からの苦情に迅速かつ適切に対応しなければならない。」としています。居宅サービス計画書に位置付けたサービス提供事業所への苦情について、居宅介護支援事業所も苦情解決に向けた対応をしなければなりません。

　受け付けた苦情は迅速に対応することが求められています。苦情を理解していないサービス提供事業所に対して、一緒に事実確認を行うことから始めましょう。

2　速やかな苦情への対応

　苦情対応は速やかに行いましょう。時間が空いてしまった対応は、

第4章　サービス提供事業者等とのトラブル　　189

利用者の不信感につながり、問題を複雑化させてしまうことになります。事例32を参考に、利用者の話を聞きましょう。相談援助技術を持って利用者の話を聞き、要望や気持ちを受け止め、主訴を整理していくことです。その事案が発生した場面やその時の気持ちなどを客観的に整理しましょう。

　同様にサービス提供事業所の話も聞き、整理します。当事者同士では感情的になりがちです。否定せず受け止め、客観的に両者の言い分を整理していきます。

　居宅介護支援事業所の対応としては、ケアマネジャー一人で対応しようとせず、居宅介護支援事業所の管理者や苦情解決責任者と、利用者及びサービス提供事業所両者に事実確認を行います。市町村や地域包括支援センターに協力を求めることもできるでしょう。

3　苦情対応の姿勢と記録の整備

　苦情は一人の責任を問うことにならないよう、また、サービス提供事業所を責めるようなことのないようにしましょう。サービス提供事業所が、苦情を自らの課題として捉え、解決に向かえるように助言をしていきます。苦情処理に関して、発生、受付から解決まで記録してください。

4　解決が困難な場合

　サービス提供事業所と利用者との話合いで解決に至らない場合は、保険者である市町村に相談することもあります。

　居宅サービス事業運営基準36条（苦情処理）において「市町村は、第一次的な窓口として、事業者等に対する調査・指導・助言を行う」とされています。

　居宅サービス事業運営基準36条において、「指定訪問介護事業者は、

提供した指定訪問介護に関し、〔中略〕利用者からの苦情に関して市町村が行う調査に協力するとともに、市町村から指導又は助言を受けた場合においては、当該指導又は助言に従って必要な改善を行わなければならない。」、「指定訪問介護事業者は、市町村からの求めがあった場合には、前項の改善の内容を市町村に報告しなければならない。」、「指定訪問介護事業者は、提供した指定訪問介護に係る利用者からの苦情に関して国民健康保険団体連合会〔中略〕が行う法第176条第1項第3号の調査に協力するとともに、国民健康保険団体連合会から同号の指導又は助言を受けた場合においては、当該指導又は助言に従って必要な改善を行わなければならない。」、「指定訪問介護事業者は、国民健康保険団体連合会からの求めがあった場合には、前項の改善の内容を国民健康保険団体連合会に報告しなければならない。」とされています。

　解決が困難と判断されたときには、早期に市町村の窓口に相談することを考えてください。

第4章　サービス提供事業者等とのトラブル　　191

46　身元引受人がいないことにより、施設から入所を断られた

　担当している単身の利用者が、要介護状態が悪化したことにより、在宅生活が難しくなり、施設入所を検討することになりました。

　施設の入所受付担当職員に入所の相談をしましたが、身元引受人がいないことから、入所できないと断られてしまいました。

　身元引受人がいない場合は、施設に入所することはできないのでしょうか。

対応のポイント

① 　利用者が意思決定できる状態であるなら、在宅生活が困難と自覚し、施設に入所することを希望しているかを確認しましょう。

② 　施設が入所を断る理由は、身元引受人がいないことだけなのか確認しましょう。

③ 　施設が身元引受人を必要とする理由を確認しましょう。

④ 　保険者や地域包括支援センターにも相談しましょう。

解　説

1　入所の意思の確認

　利用者が意思決定できる場合、施設への入所を希望していることの確認が必要です。在宅において様々なサービスを組み合わせても一人

暮らしを送ることが困難であり、かつ、施設での生活を望んでいることが確認できたところで、次の対応の検討を進めます。

2　身元引受人がいない高齢者の施設入所

（1）　介護老人福祉施設運営基準4条の2では「指定介護老人福祉施設は、介護保険法に基づく公的福祉サービスを提供する任務を担っているため、正当な理由なく指定介護福祉施設サービスの提供を拒んではならない」とされています。また、介護老人福祉施設運営基準4条の3では、正当な理由として、①ベッドが空いていない場合、②入所申込者が入院治療を必要とする場合等、施設が自ら適切な施設サービスを提供することが困難である場合としています。

このような正当な理由がない限り、指定介護老人福祉施設は利用申込者の入所希望に応じる必要があります。施設は身元引受人がいないことを理由に入所を断ることはできません。むしろ、身元引受人がいないということは、介護者のいない環境であり、施設入所の必要性が高いといえます。

（2）　身元引受人がいないことは、支援を求められるキーパーソンが不在であり、施設に入所する必要性が高い人ともいえます。しかし、施設入所に当たり様々な場面において、本人に代わって判断を行う身元引受人が必要になることが予測されます。

（3）　本人の意思が確認できる状態であれば、入所時に施設が確認したい内容を書面でまとめ、本人の意思確認を行い、必要な時に、本人の意思を示すことができます。特に医療における延命措置や死後処置等については、入所時に確認を行うことが求められています。

（4）　本人の意思疎通が困難な状態になったときのことを考え、成年後見制度の利用や、民間の身元保証制度を検討することも提案できます。

第4章　サービス提供事業者等とのトラブル　　193

3　施設が求める身元引受人の役割の確認

　身元引受人に施設が求める役割として、

① 　緊急時の連絡先

② 　施設利用料の支払

③ 　本人の退所支援に関すること

④ 　契約やケアプランなど同意確認事項

⑤ 　入院や治療に関する同意

⑥ 　退所後の遺体や遺品の引取り

等があります。

　入所時に本人に意思決定能力があれば、施設が確認したい内容を本人に確認することで、入所を了承する施設もあるかもしれません。

4　国の取組

　「身元保証等高齢者サポート事業に関する消費者問題についての建議」（内閣府消費者委員会　平成29年1月31日）において、「病院・福祉施設等への入院・入所における身元保証人等の適切な取扱い」として、「厚生労働省は、高齢者が安心して病院・福祉施設等に入院・入所することができるよう、以下の取組を行うこと」とされています。

「(1)　病院・介護保険施設の入院・入所に際し、身元保証人等がいないことが入院・入所を拒否する正当な理由には該当しないことを、病院・介護保険施設及びそれらに対する監督・指導権限を有する都道府県等に周知し、病院・介護保険施設が身元保証人等のいないことのみを理由に、入院・入所等を拒む等の取扱いを行うことのないよう措置を講ずること。

　(2)　病院・福祉施設等が身元保証人等に求める役割等の実態を把握すること。その上で、求められる役割の必要性、その役割に対応することが可能な既存の制度及びサービスについて、必要に応

じ、病院・福祉施設等及び都道府県等に示すこと。求められる役割に対応する既存の制度やサービスがない場合には、必要な対応策を検討すること。」

5 保険者や地域包括支援センターの役割

ケアマネジャーが一人で施設に対応するのではなく、地域ケア会議（個別レベル）等で保険者や関係機関と検討することも必要です。

身元引受人については、地域の課題と捉え、保険者と共に考えていくことが望ましいと思われます。

アドバイス

我が国では超高齢社会を迎えると同時に、単身高齢者が急激に増加しています。単身の高齢者が介護施設へ入所するに当たり、身元保証について大きな課題となっています。近年では、身寄りのない高齢者に対する身元保証を行う高齢者サポート事業が、民間企業やNPO法人等より提供されています。

施設が入所者の身元保証人等を求めている理由及びその実態を明らかにし、施設が身元保証人等に求めている役割を確認し、その役割に対応できる制度・サービスを活用しましょう。

第 5 章

医師、その他の専門職、行政等 関係機関とのトラブル

196

第5章　医師、その他の専門職、行政等関係機関とのトラブル　197

47　主治医の見解と利用者の意向にズレがある

　主治医が「毎日人の目がないとだめ、デイサービスにもっと行かせるべき。できないのなら入所しかない。」と家族にアドバイスしています。確かに利用者は認知症ですが、買物に行けるし、調理もできます。歩行、排泄に問題はありません。デイサービスは週2回の利用にようやく慣れたばかりのところです。結局デイサービスを増やし、送り出しのヘルパーまで付けるように主治医から家族に言われ、家族の意向を受けて、そのとおりにしたのですが、本人は「私、監視されているの？なんでこんなにデイサービスに行かなくてはならないの？」と困惑気味です。

　もっと、本人の意向と生活の状況を主治医に理解していただきたいのですが、どうしたらよいでしょうか。

対応のポイント

① 　医師とケアプランを共有しましょう。
② 　医療的マインドで利用者を見る視点を持ちましょう。

解　説

1　医師との連携方法

　医師の中には治療を優先し、利用者の生活全体に目が向かない方もいます。また、家族も医師の言うことなら何でも聞かなくてはならないと思われる方もいます。さらに、医師に対して敷居の高さを感じ、

連携に苦手意識を持っているケアマネジャーの声も聞かれます。医師は忙しく、連絡が取りづらいのは事実であり、医療の専門用語を理解する知識も必要です。一方で患者の担当ケアマネジャーと連携を取りたい、ケアプランの内容を知りたいと思っている医師もいます。まずは苦手意識を持たず、医師との連携を図りましょう。

以下、医師とケアマネジャーの連携について例示します。

① 何について、どんな情報が聞きたいのか、何を伝えたいのかを簡潔にまとめておきましょう。

② 事前に連絡し、診療時間の前後に訪問したり、利用者の受診に同行したり、訪問診療の時間に合わせて利用者宅を訪問したりしましょう。

③ 医師と直接面談することで、顔の見える関係を作ることが望ましいですが、できない場合は書面でのやり取り（利用者や家族を通して医師に渡す、受付に依頼するなど）で確認しましょう。また、FAXや電子メール、ICT等も活用しましょう。

④ 担当するに当たってのあいさつ、要介護認定結果の報告、ケアプラン作成時の意見照会、サービス担当者会議の出席依頼、ケアプランの交付等をしましょう。

2 医療と介護の連携

地域包括ケアシステム構築に向けて医療・介護の連携は欠かせません。医師もその中で重要な役割を担っています。介護保険の要であるケアマネジャーには、利用者の日常生活全体の中から医療的な困りごとを的確に医師に伝える工夫が必要となります。

「地域包括ケアシステムを構築するための制度論等に関する調査研究事業報告書」（地域包括ケア研究会　平成26年3月）には、介護・医療・予防の一体的な提供として「長期ケアを必要とする要介護者には、医学

第5章　医師、その他の専門職、行政等関係機関とのトラブル　199

的な疾病管理と日々の生活を支える介護の双方が必要であり、その両者の介入が同じ方向を目指して一体的に提供される必要がある。そこでは、介護職は、「医療的マインド」を持って、具体的な生活場面における食事・排泄・移動等に関するアセスメントの内容を医療側に遅滞なく伝達するよう期待される。一方、医療職は、「生活を支える視点」を持って、介護側から提供された要介護者の生活に関する情報をもとに、病態を生活に即して把握し、医療介入の方針に反映させる対応が望ましい。さらに、医療側は、要介護者に生じた病態の回復可能性や今後起こりうる合併症、生命予後等について、その見通しを介護側に伝える必要がある。このような「軌道」とよびうる臨床経過の予測が示されれば、そこで必要となる介護やリハビリテーション等の介入の目指すべき方向性を見通すことができる。長期ケアには介護・医療・予防の一体的な提供が欠かせない」とされています。

　この介護側の『医療的マインド』と医療側の『生活を支える視点』が医療と介護の連携には欠かせません。地域包括ケアシステムの実現に向けて、地域ケアを担う医師とケアマネジャーが中心となって、多職種連携を進め、利用者を支えなければならないことはいうまでもありません。医療と介護の一体的改革は、各自治体で取組が進んでいます。自治体から情報を得るなどし、積極的に医師との連携をしていきましょう。

200 第5章 医師、その他の専門職、行政等関係機関とのトラブル

48 保険者が状態に応じた柔軟な対応をしてくれない

　ショートステイを併用しながら何とか在宅を続けたいと願っている老老介護夫婦に対し、「認定期間の半分までしか認めない」と保険者から決まりきった返事しかしてもらえず、介護者である夫が疲れきってしまいました（3日ほどオーバーする程度でしたが、それも認められませんでした。）。保険者に柔軟な対応を求め、何度も足を運んだのですが、認められず納得することができませんでした。在宅生活継続のために必要な支援だと思いますが、このような場合どのような対応をすればよいのでしょうか。

対応のポイント

① 保険者にケアマネジャーとしての生活の見立ての根拠を示しましょう。

② 在宅生活の継続とショートステイ活用の関連付けの適切な評価を示しましょう。

解　説

1　ケアプランの根拠を導き出したプロセスを示す

　保険者の担当者は数年おきにその部署が替わり、その指導も担当者によって異なるケースが散見されます。その場合、ケアマネジャーとして、在宅生活を継続するために基準を超えてショートステイの利用

第5章　医師、その他の専門職、行政等関係機関とのトラブル　201

を必要とする理由を担当者に理解できるように示すことが必要だと思われます。この事例の場合、利用者又は家族の「ショートステイさえ長めに使えれば、在宅継続は何とかなる」という意向だけではありません。ケアマネジャーの「見立てと予後予測」がショートステイ利用にどう関連付けられているかが重要です。ケアマネジャーは利用者のことを知るために、様々な情報をいろいろな手段で入手しますが、その目的は、サービスを決めるために入手しているのではなく、ニーズを抽出するためです。

利用者と家族の生活への困りごとについては

①　利用者が直接伝えていること（又は家族が伝えていること）

②　ケアマネジャーとして利用者や家族が「困っているだろうな」と考えること（潜在化しているニーズの言語化）

を見立て、根拠を導き出したプロセスを保険者に示すことが必要です。

居宅介護支援事業運営基準において、短期入所生活介護及び短期入所療養介護の居宅サービス計画（ケアプラン）への位置付けとして「「要介護認定の有効期間のおおむね半数を超えない」という目安については、居宅サービス計画の作成過程における個々の利用者の心身の状況やその置かれている環境等の適切な評価に基づき、在宅生活の維持のための必要性に応じて弾力的に運用することが可能であり、要介護認定の有効期間の半数の日数以内であるかについて機械的な適用を求めるものではない」（神奈川県高齢福祉課「平成29年度　指定介護保険事業者のための運営の手引き　居宅介護支援」）とされており、「適切な評価」がキーワードとなります。

「「ケアプラン点検支援マニュアル」の送付について」（平20・7・18「介護保険最新情報（Vol.38）」）には、ケアマネジャーの「見立てと予後予測」が利用者のニーズとして根拠を持って抽出されているかどうかを見る

202　第5章　医師、その他の専門職、行政等関係機関とのトラブル

ために以下の項目が記されています（以下一部抜粋）。

■確認項目《4》

生活全般の解決すべき課題（ニーズ）の妥当性

■目的

　アセスメントの結果をもとに問題や課題をその根拠とともに利用者の
　課題として導き出せているかを確認。

■解説：留意事項

○介護支援専門員の業務の柱は、利用者の「自立」を支援することです。
　課題の設定に関しては、自立支援の観点からも「現状の維持・悪化を
　少しでも緩やかにする・状態の改善を図る」等の視点は欠かせないも
　のです。目の前の利用者がどのようなことに取り組めば、現状を維持
　もしくは改善できるのか、また病状の悪化等により、どうしても状態
　の維持が困難な場合、悪化を少しでも緩やかにする方法はないかと考
　え、仮説（目標）をたてることが重要になります。

○利用者や家族の「要望」だけに合わせてケアプランを作成するのでは
　なく、専門家として「自立支援」に資する内容かを常に考えながら、
　根拠のある課題の設定を意識する必要があります。

○生活全般の解決すべき課題を、利用者及び家族が、「自分達の課題（ニ
　ーズ）」として捉えられていることが重要です。利用者及び家族が理
　解しやすいように、難しい専門用語を避けるようにします。利用者自
　身が表現した「言葉」を引用することで、意欲が高まり、自分のニー
　ズとして捉えることができるようになることもあります。

　このケアプラン点検支援マニュアルは保険者がケアマネジャーのケ
アプラン点検を行うために作成されたものです。いわばこのマニュア
ルは保険者とケアマネジャーとの共通の指標になっています。ここに
記されていることを根拠として保険者と議論することが重要だといえ
ます。

2 短期入所生活介護及び短期入所療養介護のケアプランへの位置付け

ケアマネジャーは、ケアプランに短期入所生活介護又は短期入所療養介護を位置付ける場合にあっては、「利用者の居宅における自立した日常生活の維持に十分に留意するものとし、利用者の心身の状況等を勘案して特に必要と認められる場合を除き、短期入所生活介護及び短期入所療養介護を利用する日数が要介護認定の有効期間のおおむね半数を超えないようにしなければならない」と居宅介護支援事業運営基準13条21号に示されています。

「要介護認定の有効期間のおおむね半数を超えない」という目安は、ケアプランの作成過程における個々の利用者の心身の状況やその置かれている環境等の適切な評価に基づき、在宅生活の維持のための必要性に応じて弾力的に運用することが可能であり、要介護認定の有効期間の半数の日数以内であるかについて機械的な適用を求めるものではありません（神奈川県高齢福祉課「平成29年度　指定介護保険事業者のための運営の手引き　居宅介護支援」）。したがって、利用者の心身の状況及び利用者、家族等の意向に照らし、この目安を超えて短期入所サービスの利用が特に必要と認められる場合においては、これを上回る日数の短期入所サービスをケアプランに位置付けることも可能です。

204　第5章　医師、その他の専門職、行政等関係機関とのトラブル

49　警察から認知症の利用者に対する心ない要請を受けた

　警察より「徘徊する認知症高齢者には首から名札を下げさせてほしい」と要請されました。あまりにも人権意識が低い要請だと思います。地域の認知症高齢者への対応として、警察との連携は重要だと思います。このような警察からの要請にはどう対応したらよいでしょうか。

対応のポイント

① 　地域のネットワーク作りを意識してみましょう。
② 　地域の認知症高齢者見守り体制などの資源を確認してみましょう。

解　説

1　地域の見守りネットワーク

　見当識障害によって外出中に道に迷っている方を見かけて保護したときに、真っ先に思い付くのは、警察に連絡することではないでしょうか。確かに名札に連絡先が記されていればそこに連絡できますが、それでは人権擁護に関して配慮がないのはご指摘のとおりです。しかし、警察としても認知症高齢者の保護件数が増えて、対応に苦慮した上での要請だったのではないかと推察されます。

　地域の中で、高齢者の異変に気付き、早期に地域包括支援センターなどの専門機関と連携しながら、日常のつながりの中で地域が中心と

第5章　医師、その他の専門職、行政等関係機関とのトラブル　205

なって見守り、必要な時期になってから認知症疾患医療センターなどによる支援につなげていくことが重要です。地域のネットワーク作りは一人のケアマネジャーの力だけでできるものではありません。警察からの心ない要請を受けたということをきっかけに、地域における認知症高齢者支援に関するネットワーク作りを提案してみてはいかがでしょう。

2　行方不明の認知症高齢者等の実情と取組

　認知症高齢者等やその疑いのある行方不明者として届けられた人数については、年々増加しており、平成29年中において1万5,863人と前年に比べ約2.79％の増加となっています（警察庁生活安全局生活安全企画課「平成29年における行方不明者の状況（平成30年6月）」）。既に多くの市町村では、地域の協力団体や事業所等との認知症高齢者等の捜索に関する協定の締結やGPS等の機器・システムの活用等、見守り体制の構築を進めています。厚生労働省の取組では、平成29年3月末現在で約880万人の認知症サポーターを養成しています（厚生労働省「認知症施策の最近の動向について（平成29年8月23日）」）。さらに、一部の自治体においては、認知症高齢者等が行方不明になった際に早期に事態を共有し、地域の関係者も捜索に協力できるよう、認知症高齢者等やその家族が事前に本人に関する情報を登録する仕組みやシステム、地域住民も加わった行方不明者捜索のための模擬訓練等を実施しているところがあります。

　参考として、地方自治体による取組の実施状況（平成28年）は、認知症高齢者等の見守りに関する事業を実施している市町村数：1,355か所（77.8％）、認知症高齢者等の捜索・発見・通報・保護・見守りに関するネットワークの構築：1,059か所（60.8％）、GPS等の徘徊探知システムの活用：531か所（30.5％）となっています（厚生労働省「認知

206　第5章　医師、その他の専門職、行政等関係機関とのトラブル

症施策の最近の動向について（平成29年8月23日）」）（※（　）内は全国1,741市町村に対する割合）。

> ## アドバイス
>
> 　行方不明の認知症高齢者等は増え続けています。それに対して厚生労働省や地方自治体の対策は進みつつあります。
> 　認知症高齢者等の最も身近な専門職であるケアマネジャーは、自分の地域のネットワーク作りに対してより前向きで効率的な意見を提案していけると思います。地域のネットワークで不足していると思っていることに自治体や地域包括支援センターなどと協働して取り組むことにより、地域ネットワークがより強固なものになっていくのだと思います。

第5章　医師、その他の専門職、行政等関係機関とのトラブル　207

50　病院から一人暮らしの利用者の入院時に医療同意等を求められる

　病院から入院時に一人暮らしの利用者の医療同意を安易に求められます。また、病院から一人暮らしの利用者の支払と荷物の持込みも求められます。ケアマネジャーは一人暮らしの利用者の入院に対してどの程度介入してよいものなのでしょうか。法的な部分も含めて対応の仕方を教えてください。

対応のポイント

① 　医療同意については、安易に第三者の同意を求めても効力はなく、利用者本人が自己決定できるプロセスや、医療者・家族・関係者が本人の意思を推定して決定するプロセスを経ましょう。
② 　支払や荷物の持込みについては、多くは保証人としての役割を病院から要請を受けているものと思われます。保証人の役割を正しく理解しておきましょう。

解　説

1　「医療同意」について
　この事例の対応は、今後ますます増加する一人暮らしの利用者の入院・入所について、法律改正をしていかなければならないレベルの重大な問題です。判断能力のない人たちのために成年後見制度の利用が広がっていますが、必ずしも医療同意まで成年後見人が決定できるとは限りません。詳細に法律上の問題を検討した上で、判断能力を喪失した人たちが医療を受けられるようにするため、成年後見人に対し、医療行為の同意代行権を付与すべきであること、そのため第三者の医

療同意に関する法の整備を進めようという方向です。

　日本弁護士連合会等は検討を進めています。しかし、現実は法的な整備が進む前に、深刻な「医療同意」の問題を引き起こしています。今の運用では家族や親族等が医療同意できるということになっています。これについては諸説あるものの、家族や親族等に当然に決定する権利があるということではありません。現状は、本人の人格権、自己決定権が重要との認識の下、医療者と家族等を含めた関係者とで「本人の意思（推定を含みます。）」について合意を形成するプロセスが重要とされています。超高齢社会の到来を踏まえ、病院や施設は、医療同意について、安易に家族、親族等や第三者から取得するのではなく、本人が自己決定できるプロセスや医療者・家族・関係者が本人の意思を推定して決定するプロセスを経ることが重要であり、そのプロセスをとる体制を整備していくことが急務だといわれています。

　ケアマネジャーをはじめ、保険者を含めた介護保険制度に携わる人たちや病院・施設は、そのようなプロセスをとる体制を整備していく必要があります。

　本人の生き方、終末期の迎え方を左右するにもかかわらず、法的整備が遅れてケアマネジャーが困惑しているのが現実です。本人に同意能力がない場合、誰が本人に代わって同意することができるのか、その法律的な根拠が明確にされないまま、極めて曖昧な形で、こうした医療同意が進められているとすれば、法律的な問題だけでなく、倫理的にも、更に人権上も極めて重大な問題を引き起こしかねません。在宅の一人暮らしの利用者を支えていくには、そういった事例に関しての法的整備も求められます。

　この事例に関しては病院の医療ソーシャルワーカー等と連携を密にし、在宅の主治医や訪問看護師等も巻き込んで利用者の今後について多職種連携で話し合っていくことが現状としては解決策になるのだと思います。

　利用者の「医療を受ける権利」と「医療を受けない権利」、「軽微な

第5章　医師、その他の専門職、行政等関係機関とのトラブル　209

医療」なのか「高度医療」なのか、その選別はなかなか難しいことです。利用者の権利を擁護するためにケアマネジャーが一人で抱え込まず、チームで意思決定支援を進めていくとよいでしょう。

2　支払や荷物の持込み（保証人等）について

　この事例のような利用者の背景には、共通点として、①一人暮らし高齢者、②在宅生活が困難（又はそのおそれがある）、③経済的に余裕がない、④民間の保証会社を利用した身元保証が難しい、⑤身元保証人になる人がいない等が挙げられると思われます。

　保証人は誰にでも頼むことができるものです。しかし、病院側が求める保証人は、
①　入院・手術費用が足りないときに支払をすること
②　利用者が亡くなったときに、身元引受人となる可能性があること
ということになります。

　この利用者が在宅困難になるリスクを考えると、成年後見制度の活用が望ましいところです。ケアマネジャーと病院との連携が上手くいっていて、その信頼の下で「入院」が円滑にできているケースだと思われますが、ケアマネジャーの心情としては、釈然としないのは事実だと思います。

　「保証人」の問題で混乱を招くことがあることの原因に、病院や施設、関係者等で、「保証人」という言葉をそれぞれの理解の中で使用していることがあるということが指摘できます。例えば、民法上、保証人は主たる債務者（この事例では利用者）がその債務を履行しない場合に、その履行をなす債務を負う者を意味します（民446①）。したがって、緊急時の連絡先になるとか、医療の同意をするとか、荷物の持込みなどは、民法上の「保証人」とは無関係なことになります。入院費の支払についてだけであれば、成年後見人が選任され、利用者本人に十分な資産があるのであれば、民法上の保証人を求める必要はないことになりますが、その他の問題も含めた漠然とした不安を解消してお

210 第5章 医師、その他の専門職、行政等関係機関とのトラブル

きたい、ということから、慣習的に「保証人」を求めているのかもしれません。

　病院等の漠然とした「不安」を解消するためには、まずは、用語の意味をきちんと理解し、本人のためにどのような支援が必要なのかを明確に整理する必要があります。そして、その内容に対して、誰がどのように支援していくかを明確にしていく必要があります。保証人の問題は、「生前支援」の仕組みの一部の問題だと思います。「成年後見制度利用促進基本計画」等に基づいて、誰もが安心して入院等ができる生前支援の仕組みを地域包括ケアシステムの中で、保険者やケアマネジャー等で検討、構築していく必要があると思われます。

　「病院・施設等における身元保証等に関する実態調査報告書」（公益社団法人成年後見センター・リーガルサポート　平成26年10月）によると、入院・入所の際、身元保証人等を求める施設等は91.3％、病院は95.9％でした。9割以上の病院、施設等が身元保証人等を求めている現状があります。もし、身元保証人等を得られそうもない場合、病院、施設等はどのように対処しているのかというと、「不在のまま認める」と回答した病院は45.2％、施設等は16.0％でした。一方、「入院・入所（入居）を認めない」とした病院は22.6％、施設等は30.7％でした。つまり、少なくないケースで入院、入所を断られている高齢者がいるという結果です。

　民間の「信用保証代行サービス」の活用という方法もありますが、これもある程度の経済的負担を伴います。

　この事例では、ケアマネジャーが保証人にならずに入院できましたが、利用者が長期入院により在宅生活が困難になった場合、円滑な施設入所ができるかどうかが課題になります。成年後見制度や入院のリスクに備えて、保証人等の検討が早い段階から必要です。いざという時に備えることへの行動のタイミングはなかなかつかみにくいですが、ケアマネジャーを中心に多職種で連携していきましょう。

　医療同意については、**事例68**を参照してください。

第5章　医師、その他の専門職、行政等関係機関とのトラブル　211

51　障害者の介護保険サービス開始につき、障害者総合支援法における相談支援専門員の協力が得られない

　夫婦共にこれまで障害者総合支援法によるサービスを受けていましたが、夫は来月65歳の誕生日を迎えるためケアマネジャーとして担当することになりました。

　夫の介護保険サービスの移行に当たり、現在利用しているサービス提供事業所が介護保険の指定を受けておらず、新しく探さないといけなくなりました。

　相談支援専門員と連携を図り、早く調整を行いたいと思っていますが、先方と連絡が取れず困っています。

対応のポイント

①　障害者総合支援法や相談支援専門員の役割について、理解しましょう。
②　障害者総合支援法の利用から介護保険制度の利用に移行した利用者の生活がシームレス（継ぎ目なく）に継続できるように連携を図りましょう。
③　基幹相談支援センターへ相談に行ってみましょう。

解　説

1　相談支援専門員の置かれている現状

　「計画相談支援」とは、「サービス利用支援」及び「継続サービス利

212　第5章　医師、その他の専門職、行政等関係機関とのトラブル

用支援」をいい（障害支援5⑱）、障害者等が障害福祉サービス等を適切に利用できるよう、心身の状況、置かれている環境、障害者等の希望等を勘案し、サービス等利用計画を作成するとともに、継続して障害福祉サービス等を利用できるよう関係者との連絡調整を行うことをいう、と定義されており（障害支援5㉒㉓）、事業所数は約9,600事業所（平成31年2月7日現在）、相談支援専門員従事者数は約2万400人（平成31年2月7日現在）（「障害者相談支援事業の実施状況等の調査結果について」（平成31年度厚生労働省障害福祉課調べ））となっており、これは居宅介護支援事業所の約4分の1、ケアマネジャー従事者数の約5分の1となっており、いかに従事者が少ないかが分かります。また、居宅介護支援におけるケアマネジャー1人当たりの担当する件数は35人ですが、相談支援専門員が担当する人数に上限は設けられていません。

2　共生型サービスの創設

　従来の障害福祉サービスでは、障害福祉サービスを利用している利用者（障害者）は、介護保険の被保険者になると、介護保険サービスを優先的に利用することになっていました。つまり、自分の現在の状態が変わらないとしても、到来した年齢で制度を移行しなければならず、慣れている障害福祉サービスから介護保険サービスの利用に切り替えなくてはならないのが実状でした。このことが障害者にとって大きな負担になっていたため、平成30年度の制度改正によって「共生型サービス」が始まりました。今まで障害福祉のサービスのみの提供だったサービス提供事業所が、介護保険制度の指定も受けることが可能となり、65歳となり要介護認定を受けた障害者も、引き続きサービス利用を継続することができるようになりました。障害福祉サービスを利用してきた人にとっては、歳を重ねても同じサービスを利用し続けられるという点でメリットがあります。

第5章　医師、その他の専門職、行政等関係機関とのトラブル　213

　この事例では、来月から介護保険サービスへの移行となってしまう
ため、今から事業所が「共生型サービス」を申請しても間に合わない
と思われます。また、サービスの種類によっては、「共生型サービス」
の対象とはならない場合もあるため、速やかに利用者の意向を十分に
聞き取り、介護保険のサービス調整を行い、65歳の誕生日を迎えても
利用者の生活が成り立つようにケアプランを作成し、サービスがシー
ムレスに実施されるように支援していきましょう。また、いずれ妻も
65歳になることから、妻の支援も含めて夫婦の情報を共有できるよう
に、引き続き相談支援専門員と連絡を取って連携していきましょう。

3　基幹相談支援センターの役割とイメージ

　基幹相談支援センターは、地域の相談支援の拠点として総合的な相
談業務（3障害（身体障害・知的障害・精神障害））及び成年後見制度
利用支援事業を実施し、地域の実情に応じて以下の業務を行うとされ
ています。
　配置職種は相談支援専門員、社会福祉士、精神保健福祉士、保健師
等で、平成30年現在の設置市町村数は719（一部共同設置）となってい
ます。
① 　総合相談・専門相談
　　障害の種別や各種ニーズに対応する
　・総合的な相談支援（3障害対応）の実施
　・専門的な相談支援の実施
② 　権利擁護・虐待防止
　・成年後見制度利用支援事業
　・虐待防止
　　（※）　市町村障害虐待防止センター（通報受理、相談等）を兼ねるこ
　　　　とができます。

③　地域移行・地域定着
　・入所施設や精神病院への働きかけ
　・地域の体制整備に係るコーディネート
④　地域の相談支援体制の強化の取組
　・相談支援事業者への専門的指導、助言
　・相談支援専門事業者の人材育成
　・相談機関との連携強化の取組
　地域に基幹相談支援センターがあれば積極的に相談し、協力をお願いしましょう。

第5章　医師、その他の専門職、行政等関係機関とのトラブル　215

52　後見人がサービスに対する細かい申出をしてくる

　テレビのショッピング番組を見て、商品を注文するのが楽しみな軽度認知症の利用者を担当しています。親族が訪問したところ、普段使用していない部屋が未開封の商品だらけとなっていました。

　本人は「いつか使うから買った。お金には困ってはいない。」とのことで、「買物が楽しみなら、それでもいいのでは。」と言うヘルパーもいましたが、後見人より、クーリングオフなどの手続を行うことは大変なので、無駄な買物をしないように、ヘルパーによる訪問を毎日行うように申出がありました。どうしたらよいでしょうか。

対応のポイント

① 　毎日ヘルパーが必要なのかアセスメントを再度してみましょう。

② 　親族・後見人も含めたサービス担当者会議等を開催しましょう。

③ 　クーリングオフ制度について理解しましょう。

解　説

1　根底にある問題をアセスメントする

　この事例の場合、どこが問題なのかを再度アセスメントしてみましょう。記憶力や判断能力が低下した利用者が、不要な物を買ってしま

う、同じ物を大量に買ってしまうといったトラブルは増えています。この事例のように本人は困ってはおらず、周囲が何とかしなくてはならないと本人にしきりと注意を促し、余計に本人は困惑するという事例はよくあります。

このことにより金銭的に困窮してしまうのなら、注文をしない別の方法を考える必要があります。この事例の場合は既に成年後見制度を利用されているので、通常のテレビショッピングであれば、後見人からの申出で本人から注文があっても商品発送しないように要請できます。

認知症の方は自分の失敗を指摘されることを嫌がり、隠したがる傾向にあるといわれています。注意を繰り返すより「一緒に買い物をしましょう。」「欲しいものを一緒に選びましょう。」と呼び掛けるなどの対応方法が有効です。そのような視点からサービスを見直す方法も検討してみましょう。

2 後見人を含めたサービス担当者会議の開催

テレビショッピングを楽しみにしている軽度認知症の利用者の行動を否定してしまうのは逆効果です。そのことを後見人も含めた関係者がサービス担当者会議で共有することは重要です。その上で訪問介護事業所と「他に気をそらす」ことを検討し、どうしても買物へのこだわりが続く場合、後見人に契約の取消手続をしてもらうなど、ケアマネジャーとヘルパー、後見人の役割分担を明確にし、利用者中心のプランニングをしましょう。

3 クーリングオフとは

成年後見人が選任されている場合、成年後見制度には「取消権」があるため、認知症の利用者等の買物を成年後見人が取り消すことがで

第5章　医師、その他の専門職、行政等関係機関とのトラブル　217

きます（民9）。なお、この取消権は、追認をすることができる時点から
5年以内であれば行使できます（民126）。

　成年後見人が選任されていない場合でも、「クーリングオフ制度」が
活用できます。クーリングオフについては、以下のとおりです。

　クーリングオフは、消費者が訪問販売などの不意打ち的な取引で契
約したり、マルチ商法などの複雑でリスクが高い取引で契約したりし
た場合に、一定期間であれば無条件で、一方的に契約を解除できる制
度です。

　特定商取引に関する法律におけるクーリングオフができる取引は、
訪問販売（キャッチセールス、アポイントメントセールス等を含みま
す。）、電話勧誘販売、特定継続的役務提供（エステ、語学教室、学習
塾、家庭教師、パソコン教室、結婚相手紹介サービス）、訪問購入（業
者が消費者の自宅等を訪ねて、商品の買取りを行うもの（※2013年2月
21日以降の契約が対象））で、期間は8日間です（特定商取引9・24・48・58
の14）。また、連鎖販売取引（マルチ商法）、業務提供誘引販売取引（内
職商法、モニター商法等）が20日間です（特定商取引40・58）。クーリン
グオフ期間は、申込書面又は契約書面のいずれか早い方を受け取った
日から計算します。書面の記載内容に不備があるときは、所定の期間
を過ぎていてもクーリングオフできる場合があります。

　クーリングオフで注意しなければならないことは、カタログやイン
ターネットサイト等で、前もって商品を検討し、自分で確認した上で
契約できる通信販売には、クーリングオフ制度の適用がされない点で
す（通信販売業者が、返品や交換できるルールを独自に定めている場
合を除きます。）。なお、通信販売による契約において、通信販売業者
に返品の定めについて表示・記載がない場合、商品が届いてから8日以
内であれば、消費者が送料を負担し、返品できることもあります（特定
商取引15の3）。詳細は消費生活センターにご相談ください。また、訪問

218　第5章　医師、その他の専門職、行政等関係機関とのトラブル

購入の場合、クーリングオフ期間内は、消費者（売主）は買取業者に対して売却商品の引渡しを拒めます（特定商取引58の15）。

アドバイス

　不要なものを買ってしまうということは、困りごとの一つかもしれませんが、利用者にとって、電話をかけることや買物をすることなどは社会活動・参加につながっているとも考えられます。その点を考慮して対応しましょう。

第5章　医師、その他の専門職、行政等関係機関とのトラブル　219

53　生活保護のケースワーカーが非協力的で、相談に乗ってくれない

　最近近隣市より引っ越してきた生活保護世帯の夫婦を担当しています。子供たちは遠方に住み絶縁状態です。夫婦は別々の病院に通院しています。ケアマネジャーがやむなく通院の付添いをすることもありますが、毎回付き添えるわけではありません。

　生活保護のケースワーカーにこのことについて相談しましたが、取り付く島もない状態です。今後どのようにしたらよいのでしょうか。

対応のポイント

①　生活保護のケースワーカー（以下「生保ワーカー」といいます。）の役割を理解しましょう。
②　ケアマネジャーや生保ワーカーが通院の付添いをしなければならないのかアセスメントし、ケアプランの見直しをしてみましょう。
③　受診の方法を検討してみましょう。

解　説

1　生保ワーカーの役割の理解と連携

　新規で担当する生活保護受給の利用者のアセスメントに、ケアマネジャーが一人で行っても、今までの生活の背景等で正確な情報を得ら

れない可能性があります。生保ワーカーに、アセスメントにも同席してもらうことは重要です。

この事例は、課題分析の結果「健康状態」が抽出され、まず「病院受診」に着目したのだと思われます。「病院受診」について生保ワーカーに相談しても、そこは役割が違うので聞き入れてもらえないと思います。生保ワーカーは一人当たり100世帯近くの生活保護受給世帯を担当しているようです。多忙のため一緒に動いてもらうのはなかなか難しいかもしれません。

利用者が「介護扶助」が必要な場合、介護扶助は介護保険ではなく生活保護の手続であるため生保ワーカーとの連携は必須です。また、利用者の容態が急変した場合などは、緊急の連絡が入ってもケアマネジャーが動ける範囲は限られています。いろいろな判断の決定権はケアマネジャーにはないので、生保ワーカーと常に相談をしながら進めていくことになります。生保ワーカーの役割に応じた相談をすることが重要です。

2 生保ワーカーと協働したアセスメントとケアプランの見直し

絶縁状態となっている子供たちのこと、通院に至る健康状態やその生活背景、介護扶助が未申請の場合はその必要性等を、改めて生保ワーカーの情報とケアマネジャーの現在の見立てとの整合性を取り、アセスメントを行いケアプランを見直しましょう。通院対応に対して違った観点でのニーズが抽出される可能性があります。

3 受診の方法の検討

生保ワーカーと協働したアセスメントの結果をもって、現在の受診先や受診方法について検討します。病状によって近隣医に紹介状を出してもらうなどして、夫婦二人そろっての受診や訪問診療の検討など

第5章　医師、その他の専門職、行政等関係機関とのトラブル　221

も必要です。そのようなことで通院に関する課題を解決できる可能性
もあります。

　本来、通院の付添いは生保ワーカーやケアマネジャーの役割ではあ
りません。必要性をまずは整理する必要があります。通院同行のヘル
パーの調整や社会資源を再度アセスメントすることも必要です。

　いずれにしても、新規生活保護利用者を担当するときは、生保ワー
カーとの連携は欠かすことができません。

アドバイス

　近年、生活困窮や障害高齢者世帯等の多課題を抱える世帯が増えてい
ます。日頃からケアマネジャーとして生保ワーカーや障害分野、高齢者
分野のケースワーカーの人たちとお互いの役割を確認し合い、顔の見え
る関係作りに努めることは、利用者支援において、非常に有効です。

222　第5章　医師、その他の専門職、行政等関係機関とのトラブル

54　医療の専門職の見解が分かれている

　　訪問看護を利用している利用者が肺炎で入院しました。退
院後の生活の希望に関して訪問看護師と医療機関と意見の相
違があり、また利用者・家族の希望と乖離しています。
　　このような場合、ケアマネジャーとしてどのように対応し
たらよいのでしょうか。

対応のポイント

①　医療職と、利用者の生活に対する意向を調整しましょう。
②　利用者の希望、家族の希望もそれぞれ細かく確認してみまし
　ょう。
③　その上で訪問看護師と医療機関、利用者・家族の意見を調整
　しましょう。

解　説

1　医療専門職間での見解の調整

　在宅療養の視点（訪問看護）と治療の視点（医療機関）の見解のず
れは、専門職間での医療行為に対する優先順位の違いによって生じる
ものだと思われます。

　改めて、それぞれの見解を聴取して、利用者・家族の意向とすり合
わせることが重要です。そのことが、今後の意志決定の支援にもつな
がります。

　ケアマネジャーは、利用者の現在のADLや住環境など様々なアセス

メントをした上で、ケアプランを作成し、生活を支えるサービスを導入していきます。その際、予後予測をしっかりと行うことが重要です。ケアマネジャーは、利用者の将来に対する希望や意向、生活環境などをよく把握し、理解して支援しています。訪問看護師・医療機関の考え方も理解し、利用者、家族、専門職それぞれの考え方や思いをすり合わせる必要があるでしょう。

2 利用者・家族の意向の確認

　特に終末期になると利用者、家族共に、最初の意向が急に変わることもあります。当初は延命治療を望まず、自宅での看取りを希望していても、急変時にその様子を家族が目の当たりにするとパニック状態となり救急車を呼んでしまい、医療機関に搬送され、利用者の意向にそぐわない形になることもあります。日頃から利用者はどうしたいのか、家族はどうしたいのか、機会があるごとに意向の確認をしておきましょう。

アドバイス

　在宅の看取りにおいては、平成30年3月に厚生労働省により「人生の最終段階における医療・ケアの決定プロセスに関するガイドライン」が作成され、ACP（人生会議）の考え方が普及し始め、多職種が共同して利用者の意思決定支援をすることが主流となってきています。医療職・介護職などが、ケアマネジャーと共に、利用者・家族の意向がかなえられるように意思決定支援を支えていきましょう。

224 第5章 医師、その他の専門職、行政等関係機関とのトラブル

55 退院前カンファレンスで医師が事前に知らせていた質問以外には回答をしてくれない

> 退院が迫っていたので医療ソーシャルワーカーに無理を言って急遽退院前カンファレンスを開催しましたが、病院担当医の感じが悪くカンファレンス中もあまり時間がないような感じで威圧的な態度でした。
>
> 医療相談室経由で事前に質問を投げかけていましたが、カンファレンスの場になり追加の質問をしたところ、あまり良い回答をしてくれない感じがしました。
>
> 退院前カンファレンスを開始する際に注意しておいた方がよいことはどのようなことがありますか。

対応のポイント

① 退院前カンファレンスの適切な開催時期を検討することは重要です。

② 退院後の自宅での生活のサポート体制を病院側に伝えることも大切です。また、退院後の通院などについても医療機関に確認します。

解　説

1 退院前カンファレンスの目的

　退院前カンファレンスは、退院予定の利用者で、在宅サービスを利用する必要のある場合に開催します。カンファレンスを開催する目的

は主に二つあります。

一つ目は、入院医療機関が持っている利用者の情報を、在宅サービスの担当者に直接提供することです。

自宅において訪問看護等のサービスを利用する際に必要な情報について、直接顔を合わせて情報交換することができます。顔の見える連携が取れることにより、退院後に分からないことがあった場合でも、直接問い合わせるなど連携が取りやすくなります。

退院後の生活に対して病院関係者と情報共有することと、退院後の病院との関わりを在宅サービス関係者にも知ってもらうことが重要です。

二つ目は、利用者、家族が自宅での療養生活を行う上での安心感の提供です。

退院前に事前に病院に来て、在宅サービスのチームが顔を合わせることにより、利用者、家族が安心するということがあります。不安を抱えて自宅に戻り、そこで初めて会うというのは誰でも不安がありますが、事前に会うことにより不安の軽減も図れます。

また、スタッフ同士の連携している様子を利用者、家族に見てもらうことで、しっかりと情報交換ができて連携ができているのだと実感してもらえることにより、サービス担当者との信頼関係が構築され、安心感につながります。

2　日程調整

退院前カンファレンスの日程調整は、入院している医療機関の医療ソーシャルワーカーが中心になって行います。医療機関の関係職種については、対象となる利用者を担当している医師、病棟看護師、リハビリスタッフ、薬剤師、栄養士、退院調整看護師、医療ソーシャルワーカーといったメンバー、在宅サービスからのメンバーとしては、在

宅医（訪問診療医を含みます。）、訪問看護師、ケアマネジャー、調剤薬局の薬剤師、歯科医師、訪問リハビリスタッフ、ヘルパーなどです。必要に応じて、通所介護・通所リハビリの担当者や福祉用具専門相談員、医療機器業者なども参加することもあります。

　退院までの間に、これだけの人数を集めてカンファレンスをするには、日程調整が難しく、全てのメンバーが集められないこともあります。参加できなかったメンバーには、記録を作成し、利用者、家族の了解を取った上で、記録を各担当者へ送り情報共有を図ります。

アドバイス

　医療機関には様々な専門職が働いています。退院に当たり、情報収集する相手は、医師に限らず、看護師、リハビリ専門職（OT、PT、ST）や栄養士、薬剤師等、多岐にわたります。各々の機能や役割を理解することで、より有効で実情に即した情報収集に努めましょう。

第5章　医師、その他の専門職、行政等関係機関とのトラブル　227

56　医療機関のスタッフが非協力的で連携がとれない

　在宅で支援をしてきた利用者が救急搬送されたので、在宅の様子を申し送りたいと思い、入院先の地域医療連携室に電話をしましたが、「担当医師の指示がないと動けない。」と言われ、何のために連携室があるのかと疑問に感じました。また、その病院は、退院日の前日になって「明日退院するのでよろしく。」と電話してくることも度々あります。これでは病院のスタッフとの連携が難しく感じます。何か良いアドバイスをお願いします。

対応のポイント

① 担当ケアマネジャーの名前や連絡先を利用者や家族から主治医や連携室に伝えてもらいましょう。
② 情報提供の手段について確認しましょう。
③ 家族、医師、看護師、連携室等と退院の際の連携方法を事前に相談し、確認しておきましょう。

解　説

1　医療機関等への一報

　居宅介護支援事業運営基準4条3項には「指定居宅介護支援の提供の開始に際し、あらかじめ、利用者又はその家族に対し、利用者について、病院又は診療所に入院する必要が生じた場合には、当該利用者に

228　第5章　医師、その他の専門職、行政等関係機関とのトラブル

係る介護支援専門員の氏名及び連絡先を当該病院又は診療所に伝える
よう求めなければならない」とあります。

　医師、看護師、連携室等がケアマネジャーと円滑に連携が図れるよ
うに、利用者や家族から、医師、看護師等へ担当ケアマネジャーの名
前と連絡先を伝えてもらうよう話してください。

2　入院時の情報提供

　連携するための情報提供の手段は、面談、ファックス、メール等様々
な方法があります。また医療機関、連携室等により情報提供の方法が
違う場合もあります。あらかじめそれぞれの医療機関等での連絡方法
を確認しておくことで、速やかな情報共有を図ることができます。情
報提供を行った場合は支援経過記録（第5表）（平11・11・12老企29）等へ
の記録も必ず行うようにしましょう。

　情報の内容については、一方的にならず、心身の状況、生活環境、
介護保険等サービスの利用状況、ケアプラン等について入院治療方針、
退院後の生活を見据え、的確な情報を提供するようにしましょう。入
院時の情報提供のための書式については厚生労働省等から参考書式も
出されていますが、地域ごとの所定書式や病院指定の書式もあります
ので確認しておきましょう。

3　退院時の情報提供

　医療と介護の連携の強化、推進を図る観点からも、退院時には利用
者に関する必要な情報を得ることが望ましいとされています。そのた
めにも、医療機関等からの情報提供が重要であることを伝えるように

第５章　医師、その他の専門職、行政等関係機関とのトラブル　229

しましょう。また、退院前のカンファレンスの開催時は、できる限り
出席し、利用者はもちろん、医療機関等関係機関との良好な関係を作
る努力も必要です。

アドバイス

　日頃から医療機関等の特性を知り、入退院時の円滑な連携が図れる方
法、関係を一緒に考える機会や、地域で研修会などを開催するなど顔の
見える関係作りをしていきましょう。

230　第5章　医師、その他の専門職、行政等関係機関とのトラブル

57　医療機関が利用者に何も説明せず、ケアマネジャーに全て丸投げをしてくる

　病院から「末期がんの患者さんです。今なら帰れるから介護保険申請したのでケアマネジャーを担当してほしい。」という連絡が入りました。すぐに病院や自宅へ面接に出向きましたが、話を聞くと介護保険サービスの利用は希望されておらず、訪問看護は医療保険対象となることから、給付管理が発生しません。また、認定調査が実施される前に亡くなった場合、利用した介護保険サービスは全額自己負担になることも説明すると、「初めて聞いた。」と言われました。これからこのような事例が増えていくと思われますが、どのように対応すればよいのでしょうか。

対応のポイント

① 　ケアマネジャーとして、病院からの情報をしっかりと整理しましょう。
② 　亡くなる前に認定調査が実施され、主治医の意見書が作成されていれば、認定結果が出て、介護保険における給付も可能になります。
③ 　今後、在宅における看取りの事例が増える中で、ケアマネジャーが担う役割について考えましょう。

解　説

1　ケアマネジャーとは
　介護保険法7条5項において「要介護者又は要支援者（以下「要介護

第5章　医師、その他の専門職、行政等関係機関とのトラブル　231

者等」という。）からの相談に応じ、及び要介護者等がその心身の状況
等に応じ適切な居宅サービス〔中略〕事業を行う者等との連絡調整等
を行う者であって、要介護者等が自立した日常生活を営むのに必要な
援助に関する専門的知識及び技術を有すもの」とあります。利用者、
家族等と相談、面談を行った結果、たとえ介護保険サービスの希望が
なかったとしても、ケアマネジャーの依頼があった場合、相談に応じ
る責務があるといえるでしょう。

2　要介護（要支援）認定の仕組み

　保険者に被保険者が要介護認定等の申請を行い、基本調査（介保27②）
及び主治医の意見書（介保27③）に基づくコンピューター判定の一次判
定を原案として、介護認定審査会（介保14）の二次判定にて決定されま
す。つまり、基本調査、及び主治医の意見書がなければ認定はされま
せん。

　末期がん等の方への要介護認定等における留意事項として、厚生労
働省老健局老人保健課は、平成22年4月30日付けで、末期がん等の方で、
介護保険サービスの利用について急を要する場合は、適切な要介護認
定の実施、及び介護サービスの提供を行うべきことを都道府県、及び
保険者へ通達しています（「末期がん等の方への要介護認定等における留意事
項について」（平22・4・30事務連絡））。その中に暫定ケアプランの作成につ
いて、保険者の判断で、必要があると認めた場合、要介護認定の申請
を受けた後、認定結果が出る前の段階であっても、暫定ケアプランを
作成して、介護サービスの提供を開始することができるとありますの
で、保険者へ確認してみましょう。

3　地域包括ケアの中でのケアマネジャーの役割

　地域包括ケアシステムとは「重度な要介護状態となっても住み慣れ

232　第5章　医師、その他の専門職、行政等関係機関とのトラブル

た地域で自分らしい暮らしを人生の最後まで続けることができるよう、住まい・医療・介護・予防生活支援が一体的に提供されるシステムです。」（平成28年3月「地域包括ケア研究会報告書」）。その利用者の最期の場所が自宅であれば、ケアマネジャーが何らかの役割を担うことになるでしょう。その際、ケアマネジャーが一人で抱えることなく、医療、介護等が連携できるよう地域包括支援センターへの相談や多職種との連携を行ったり、地域ケア会議等へ参加したり、地域とのつながりを持つことに努めましょう。

アドバイス

　末期がんともなれば、利用者、家族の不安は計り知れないはずです。とにかく誰かにすがりたいという思いで慌てて連絡をされることもあるでしょう。そんな時こそ、ケアマネジャーとしての専門性を発揮して冷静な対応を心掛けましょう。また、末期がんに限らず、介護保険サービスの給付対象とならないこともあるでしょうが、ケアマネジャーは単に介護保険サービスの利用だけではなくソーシャルワークの視点も欠かせない職種です。利用者のQOLを考え支援することは必要なことでしょう。医療など関係機関と連携し、利用者、家族の意向をしっかり受け止め、チームケアの要となれるケアマネジャーを目指しましょう。

第5章　医師、その他の専門職、行政等関係機関とのトラブル　233

58　訪問医が専門領域外の疾患に対応してくれない

> 「1週間、あまり食事が摂れていない状況で弱っている。」
> と家族から連絡があり、緊急で訪問しました。救急車を呼ぶ
> かどうか悩み、訪問医に連絡したところ、「精神状態から来て
> いる（起因している）と思われるので自分は診られない。」と、
> 何も判断してくれませんでした。今回は、救急搬送の対応で
> 事なきを得ました。
> 　診療報酬改定で、訪問診療も他科との併用が可能になった
> と聞いています。訪問医の専門領域外の対応についてアドバ
> イスいただければと思います。

対応のポイント

① 　新たな疾患や、緊急時の対応について、医師、利用者、家族
　　等と対応方法などを決めておくようにしましょう。
② 　訪問診療の他科との併用については、平成30年の診療報酬改
　　定で可能になっています。精神科などの訪問診療の併用を訪問
　　医に相談してみましょう。

解　説

1　訪問診療医との確認事項

　訪問診療が提供されている場合には、利用者や家族から診療の経過
や、治療方針、緊急時の対応等を確認するようにします。また、利用
者、家族の了解を得て直接、訪問医から必要な情報を得ることや、可

234　第5章　医師、その他の専門職、行政等関係機関とのトラブル

能であれば往診に同席して利用者、家族を交え治療方針等を確認する
ことが望ましいでしょう。その中で居宅療養管理指導（介保8⑥）を算
定している際には居宅介護支援事業者等との連携が運営の基準に定め
られています（居宅サービス事業運営基準89）。訪問医にもサービス担当
者会議への出席を依頼し、確認事項をケアプランの第2表（平11・11・12
老企29）のサービス内容等に位置付けるようにします。また、会議は必
ず支援経過記録（第5表）（平11・11・12老企29）に記録しましょう。

2　訪問診療と他科併用

　訪問診療を利用している方が、他科の診察を求めた場合、診察をす
ることは医師の判断により可能で、医師法19条1項には「診療に従事す
る医師は、診察治療の求があった場合には、正当な理由がなければ、
これを拒んではならない。」とあります。ところが、一人の患者に対し
て既に訪問診療がされ、診療報酬を算定する場合には、他科が訪問診
療を行っても診療報酬が算定できないという制度上の問題がありまし
た。訪問診療を利用する患者、特に高齢者について複数の疾患を抱え
専門的な治療を必要とする方も多く存在しています。そのため、平成
30年度の診療報酬改定で、在宅医療の在宅患者訪問診療料は、訪問医
から依頼を受けた、他科の訪問医が訪問診療を行った場合でも算定（※
算定要件を満たした場合）できることと改定されました（※各訪問医
へ確認してください。）。

アドバイス

　新規に訪問診療を利用する際は、利用者の既往や現病に留意した上で
医療機関を選択しましょう。また、医療機関によっては、他科の医師が

配置されている所や、他科医療機関と連携を図っている所もありますので確認しましょう。既に訪問医が決まり診療が行われている場合には、必要時に他科への紹介や診療情報提供書の作成依頼が可能かどうかなど確認をしましょう。また医師と連携を図るために看護師や医療ソーシャルワーカーが配置されている医療機関には積極的に連絡を取りましょう。その他に訪問看護、薬剤師等の医療系のサービスを併用している際には、各専門職から医師へ状態の報告、相談をすることで、より具体的な専門域の病院の提案がなされることも期待できます。そして、何よりも本人、家族、医師と、急変時の対応はもちろん、新たな疾患が現れたときの具体的な対応方法や、最期をどこで迎えたいかなども確認できるような関係性を築けるケアマネジャーを目指しましょう。

236　第5章　医師、その他の専門職、行政等関係機関とのトラブル

59　介護サービスを導入したことで、民生委員の関わりが途絶えてしまった

　一人暮らしの高齢者を担当することになりました。

　これまで担当の民生委員が、買物や病院の付添い等の支援をしてくれていました。介護サービスの利用を調整したところ、担当の民生委員は、買物や付添いなど、自分の好意で行っていたことが否定されたと思い込み、それ以来一切この利用者に関わりを持ってもらえなくなってしまいました。

　今後、民生委員や地域のボランティアの方々とどのように協力し合えばよいでしょうか。

対応のポイント

① 　民生委員は、地域における大切な資源です。自助、互助、共助、公助の役割を確認しましょう。
② 　介護保険サービスと民生委員など地域で支えている方々とのつながりや協力体制など、それぞれの役割を改めて考えてみましょう。

解　説

1　「自助、互助、共助、公助」とは

　「地域包括ケア研究報告書」（平成25年3月）では、「自助、互助、共助、公助」とは、

・自助：自己の負担。自分のことを自分でする。自らの健康管理セルフケア。市場サービスの購入。

第5章　医師、その他の専門職、行政等関係機関とのトラブル　237

・互助：費用負担は制度的裏付けなし。ボランティア活動。住民組織
　　　　の活動。
・共助：リスクを共有する仲間（被保険者）と負担。介護保険に代表
　　　　される社会保険制度及びサービス。
・公助：税による公の負担。一般財源による高齢者福祉事業等。生活
　　　　保護。人権擁護、虐待対策。
とされています。

2　民生委員とは

　民生委員とは、社会奉仕の精神を持って常に住民の立場に立って相
談に応じ、及び必要な援助を行い、もって社会福祉の増進に努め（民委
1）、都道府県知事に推薦され厚生労働大臣が委嘱した者で（民委5）、給
与は支給しない（民委10）とあります。そして、その市町村の区域内に
おいて担当の区域又は事項を定めて、その職務を行う（民委13）とあり
ますので、民生委員の役割を理解し、説明をきちんとして積極的に連
携を図りましょう。

3　ニーズに合わせた地域資源の活用、介護保険サービスの利用

　一人暮らしの高齢者に限らず、地域にある社会資源等の中には、住
み慣れた地域であれば、古くからの知人、友人などと支え合ってきて
いる方々もいるでしょう。ケアマネジャーとして、アセスメントを行
う際に「現在利用しているサービス」や「介護力」「社会との関わり」
等、しっかりと確認し継続可能な状況なのか等を踏まえ、適切なマネ
ジメントをすることが必要です。

　もともとは民生委員やボランティアなどインフォーマルなサービス
を利用していて、介護保険サービスに切り替え、導入する際には、利
用者や家族の同意を得て、支援者へも聞き取りを行い、要介護認定を
申請した経緯や経過を把握することで、なぜ介護保険サービスへ移行

が必要か、併せてメリットやデメリットの説明もできるようになるでしょう。

アドバイス

　住まいがあり地域がありそれを支えている方々がいることを忘れずに、ケアマネジャーとして地域資源を把握することも必要です。もちろん、限りある社会資源でもあり、他に支援を必要とする方々がいる中で、限度を超えたことについては他の方法を検討することは必要なことです。自助、互助、共助、公助を理解し、民生委員やボランティア等の方と介護保険のすみ分けの理解を求め、サービス担当者会議への出席を依頼するなど、同じ支援者として共に支援の方向性を確認することもよいでしょう。そして、住み慣れた地域で最後まで生活ができるよう支援しましょう。

第5章　医師、その他の専門職、行政等関係機関とのトラブル　239

60　ケアマネジャーが知らないまま居宅療養管理指導が算定されていた

　主治医による居宅療養管理指導が、ケアマネジャーである自分には知らされずに行われていました。

　主治医には、利用者を担当した当初、あいさつに伺い、往診時にも度々顔を合わせていました。

　しかし、居宅療養管理指導に関わる助言や情報提供も、これまで一度もありませんでした。

　主治医とどのような連携を図ればよいでしょうか。

対応のポイント

① 　居宅療養管理指導における目的の一つは、ケアマネジャー等への情報提供とされています。居宅療養管理指導は給付管理を伴いませんが、利用者や主治医等に説明し、理解してもらいましょう。

② 　主治医等にサービス担当者会議への出席を求め、ケアプラン作成後は居宅療養管理指導を算定している主治医等へケアプランを配布しましょう。

解　説

1　居宅療養管理指導

　居宅療養管理指導とは、居宅要介護者について、病院、診療所又は薬局の医師、歯科医師、薬剤師その他厚生労働省令で定める者により

行われる療養上の管理及び指導であって、厚生労働省令で定めるものであり（介保8⑥）、居宅サービス事業運営基準において、次のように掲げられています。

「指定居宅療養管理指導の提供に当たっては、居宅介護支援事業者に対する居宅サービス計画の作成等に必要な情報提供並びに利用者又はその家族に対し、居宅サービスの利用に関する留意事項、介護方法等についての指導、助言等を行う」とされています（居宅サービス事業運営基準89①一）。また、「居宅介護支援事業者若しくは居宅サービス事業者から求めがあった場合は、居宅介護支援事業者又は居宅サービス事業者に対し、居宅サービス計画の作成、居宅サービス提供等に必要な情報提供又は助言を行う」とされています（居宅サービス事業運営基準89①四）。居宅療養管理指導を算定し情報提供等を依頼する際の根拠として、医師や医療機関へ説明をするためにも、ケアマネジャーとして押さえておきたいポイントになります。

2　サービス担当者会議への出席依頼

「医師等による居宅療養管理指導の情報提供又は助言については、原則として、サービス担当者会議に参加することにより行わなければならない」とあり、「参加によることが困難な場合については、居宅介護支援事業者又は居宅サービス事業者に対して、原則として、情報提供又は助言の内容を記載した文書を交付して行わなければならない」とされています（居宅サービス事業運営基準89①五・六）。まずはサービス担当者会議への出席を依頼し、出席が困難であれば、書面での情報提供を依頼する流れを作りましょう。また、作成したケアプランは居宅療養管理指導事業所へも配布するようにしましょう。

第5章　医師、その他の専門職、行政等関係機関とのトラブル　241

アドバイス

　居宅療養管理指導について、医師に限らず、看護師や薬剤師などが行う医療系のサービスは、敷居の高さを感じている方もいるのではないでしょうか。また、サービス担当者会議を開催する際には、医師の多忙さを考慮し開催日の調整の段階で、やむを得ない欠席により、文書による照会で済ませようなどと決めつけていませんか。解説にもあるように、基本的にはサービス担当者会議の場における情報提供が基本ですので、できる限り会議の出席をお願いしてください。また、医師の往診日に合わせてサービス担当者会議の開催を調整することも、よいかもしれません。この事例ではただ単に顔を合わせているだけで、情報提供も受け身の姿勢になっているように思います。せっかく顔の見える関係ができているのであれば、もう一歩踏み込んで、居宅療養管理指導の意味を考え、居宅サービスを提供していく上での情報提供、助言を依頼してはいかがでしょうか。また、時には利用者や、家族から居宅療養管理指導事業所へ情報提供を働きかけていくこともよいかもしれませんし、医院によっては事務、看護師、医療ソーシャルワーカー等を介している所もありますので、上手に連携して情報提供、助言を依頼することもよいでしょう。

242 第5章 医師、その他の専門職、行政等関係機関とのトラブル

61 書類における日付の在り方について、保険者とトラブルになってしまった

転居してきて、担当することとなった利用者の転入手続のために保険者の窓口に行ったところ、前の保険者に提出されている日付と違うため、職員から「この日付では手続ができない」と言われ、介護保険利用ができない期間が発生しそうになりました。転居の際に必要な書類における日付については、どのようなことに注意すればいいのでしょうか。

対応のポイント

① 転出する時には、介護保険の「受給資格証明書」を受け取るようにしましょう。

② 転入に関しては、転入の日（住民異動日）の翌日から14日以内に手続を済ませましょう。

③ 「受給資格証明書」によって引き継ぐ要介護状態区分等は、転出時点において当該被保険者に有効に適用される区分等とすることが原則となります。

④ 「受給資格証明書」による認定については、転入日に遡って有効となります。

解　説

1　転出する際の手続

転出する時には介護保険の「受給資格証明書」を受け取るようにし

第5章　医師、その他の専門職、行政等関係機関とのトラブル　243

ましょう。

　受給資格証明書は介護保険法36条に基づき、要介護認定又は要支援認定を受けている被保険者が他市町村に転出する際に、転出元の市町村が当該要介護被保険者等に交付する書類です。

2　転入の際の手続

　転入の日から14日を過ぎてしまうと改めて要介護・要支援認定申請手続をしなければならなくなるため、認定申請以前に利用した介護サービスが全額自己負担になることもあります。14日以内に済ませておけば、転出元の市町村の要介護度を、転入した住所地においても継続することができます（介保36）。

3　要介護状態区分の引継ぎ

　受給資格証明書によって引き継ぐ要介護状態区分等は、転出時点において当該被保険者に有効に適用される区分等とすることを原則としています。

　ただし、要介護（要支援）更新認定申請の結果が通知済みで、当該認定の発効前に転出した場合や、新規の要介護（要支援）認定又は要介護状態区分の変更認定の申請中に転居した場合は、その結果をもって認定することができます。

　転入先の市町村における認定の有効期間については、6か月間（月の途中の申請の場合は、その月の月末までの期間＋6か月間）を基本としますが、転出元の市町村における有効期間が、認定審査会の意見に基づいて3か月間から5か月間（月の途中の申請の場合は、その月の月末までの期間＋3か月間から5か月間）の認定を受けていた場合は、転入先の市町村における認定の有効期間も同じく短縮するべきものとなります。

4　認定の遡及

「受給資格証明書」による認定については、「転入日」に遡って有効とする取扱いとなります。

例えば、転出元の認定が要介護度2、認定有効期間が4月1日から9月30日まで、7月15日が転出日で7月17日が転入日だった場合は、認定有効期間は転入日が7月17日なので、7月17日から1月31日までになります。

転入転出に関しては、様々なケースがあるので、各市町村の所管課にお問い合わせください。

5　資格喪失について

被保険者が資格を喪失するタイミングは介護保険法11条に定められており、以下の2点となります。

① 　住んでいた市町村の区域に住所を有しなくなった翌日。ただし、住所を有しなくなった当日、他市町村に住所を有するに至った時は、その日から、その資格を喪失します。

② 　第二号被保険者は、医療保険加入者でなくなった日から、その資格を喪失します。

転出してそのままにしていると介護保険の被保険者の資格を転出の翌日から喪失したままとなってしまうことから、14日以内には必ず転入手続を済ませることが必要であり、全額自己負担というトラブルを避けることができます。

ちなみに②の場合は被保険者でない被保護者であるため、全額生活保護法による介護扶助の適用となります（生保15の2、介保7）。

第 6 章

その他のトラブル

246

第6章　その他のトラブル　　247

62　部屋が狭いので、集合住宅等にある共用部分に車いすを置こうとしたら、認めてもらえなかった

　アパートに居住している利用者を担当しています。移動に支援が必要な状態であり、外出の際は特に、歩いて移動することが難しく、車いすを使用していますが、アパートの部屋がとても狭く、自分の部屋に車いすを置くことができません。そこで、「アパートの居住者用の自転車置場に車いすを置いてもよいか」とアパートの大家さんに相談したら「自転車用のスペースだから」と断られてしまいました。部屋を片付けても車いすを置くことがどうしてもできません。自転車置場のようなアパートの共用部分に車いすを置くことはできないのでしょうか。

対応のポイント

① アパートの賃貸借契約において、共用部分の使用方法について、どのように記載されているのか、確認しましょう。
② アパートの共用部分に車いすを置く場合、どの部分に置いたらいいのか、貸主に相談し、許可を取りましょう。
③ 共用部分に車いすを停めることの許可を得たことについて、他の借主の方々に伝えるようにしましょう。

解　説

1　賃貸借契約に基づく対応
　アパートやマンション、一軒家を賃貸している場合、賃貸借契約を

結んでいることが一般的と考えられます。賃貸借契約をしている場合、その契約を遵守することが求められます。

(1) 契約書における共用部分の使用について

賃貸借契約において、共用部分の使用については、どのように契約上、決められているのかが重要となります。共用部分については、私有地であり、物件によって違いがありますが、エントランスや階段、エレベーター、駐車場、駐輪場、ごみ置場などが共用部分として考えられます。共用部分については、その使用方法については、賃貸借契約書において定められています。その定められた内容に沿って借主が使用することが認められ、貸主の方が管理、若しくは管理会社によって管理されることもあります。

(2) 契約と義務

賃貸人は賃借人に対し、土地・建物を使用・収益させる義務を負い、賃借人は賃貸人に対して賃料を支払う義務を負います（民601（賃貸借））。

もっとも、これらの基本的義務以外にも、賃貸人・賃借人はお互いに義務を負います。修繕義務や費用償還義務、目的物返還義務、原状回復義務などがありますが、用法遵守義務もこれに当たります。

(3) 用法遵守義務とは

賃借人は、不動産の使用・収益に当たって、契約上特約によって定められた用法や、不動産の性質によって定まった用法に従う義務があります。これを用法遵守義務といいます（民616（使用貸借の規定の準用）・594（借主による使用及び収益））。

例えば、マンションでペットを飼わない、近所迷惑になる騒音を出さない、灯油ヒーターを使用しないなどが考えられます。一般的な契約書には、借主がこの用法遵守義務に違反した場合、貸主側で相当の期間を定めてその義務違反の是正を催告し、それにもかかわらず、その期間内に是正がなされず、当該義務違反により賃貸借契約を継続す

第6章　その他のトラブル　　　249

ることが困難と認められる場合には、貸主側で当該賃貸借契約を解除
することができる旨を定めています（国土交通省　平成30年3月「賃貸住宅
標準契約書」3・10②参照）。

　共用部分の使用についても、用法遵守義務に定められた内容に基づ
いて使用することが求められ、通路などに自転車やベビーカーなどを
勝手に置いたりすることを禁止していたり、駐車場の使用方法につい
て制限があったりすることがあります。この事例に関しても、賃貸借
契約に基づき、駐輪場にどのような車両を停めることが認められてい
るのかを確認しましょう。

2　共用部分の使用方法変更に関する相談

　共用部分における使用方法については、賃貸借契約に定められてい
ますが、その用法と違う使用方法を希望する場合は、貸主若しくは管
理会社に相談しましょう。この事例のように、駐輪場の使用方法にお
いて、車いすについて記載がないのであれば、貸主若しくは管理会社
に相談し、駐輪場に車いすを停めることの許可を得ましょう。しかし
ながら、貸主や管理会社に相談しても、認められない場合も考えられ
ます。それは、共用部分については、他の借主も使用することを踏ま
えた上での判断がされるからです。共用部分は、消防法に基づく避難
経路となっている場合もあります。そのため、物を置くことが認めら
れない場合もあります。その際は、どの場所なら車いすを停めていい
のかを確認し、許可を得るようにしましょう。

3　共用部分は借主の誰もが使用できる部分だからこそ相談

　共用部分は当事者のみならず、その物件の賃貸借契約に基づいて共
用部分の使用を許可されている借主の誰もが使用できる部分になりま
す。つまり、全ての借主の方々が使用の権利を有するわけですから、

その方々の了解を得た上で、賃貸借契約書以外の使用方法について、貸主や管理会社の方との相談をすることも一つの方法として考えられます。これは、「なぜあの人は賃貸借契約と違う利用方法を認められているのか」と他の借主とトラブルになることもあるからです。しかしながら、戸数の多いアパートやマンションとなると、全ての借主から許可を取ることが難しい場合も考えられます。その場合は、貸主若しくは管理会社と相談し、許可を得た上で、貸主若しくは管理会社から借主の方々に許可をした旨を伝えてもらえるようお願いすることも大切です。今後生活を継続していく場所となります。近隣との関係を良好に保つための配慮を忘れないようにしましょう。

アドバイス

　駐輪場のみならず、他の共用部分に勝手に物を置くことも原則認められません。玄関前に盛り塩を置く方が見られますが、賃貸借契約で認められていない場合は認められません。盛り塩を直接床に置くと床が塩害で表面が荒く浸食することもあります。車いすに限らず、共用部分には勝手に物を置かないようにしましょう。

第6章　その他のトラブル　　251

63　インターネット環境等の不具合によって業務ができなかった

居宅介護支援事業を行うに当たり、インターネット接続による業務支援システム及び介護報酬レセプト（給付管理業務等国保連請求）システムを活用しています。先日、インターネットにつながらなくなり、システムが使えなかったことで、国民健康保険団体連合会に介護保険レセプトデータを提出できませんでした。以前にも、停電のためインターネットにつながらなくなり、システムが使えず、同じように介護保険レセプトデータを出せないことがありました。このような場合、レセプトが出せなかったことに対する補償はあるのでしょうか。また、どのような対策が考えられるのでしょうか。

対応のポイント

① インターネットにつながらなかった原因について確認しましょう。

② インターネットにつながらなかった原因がインターネット回線にある場合は、契約書における約款の内容を確認しましょう。

③ 伝送以外のレセプトデータの提出方法やシステム保守の契約を結ぶなど、インターネットにつながらなかった場合に備えた対応の整備をしましょう。

252　第6章　その他のトラブル

解　説

1　インターネットにつながらなかった原因の明確化

　インターネットにつながらなかった場合は、いくつかの原因が想定されます。例えば、

① 事業所で所有するパソコンに関する原因

② インターネットに接続するための機器（ルーター、ケーブル等）に関する原因

③ インターネット回線そのものに関する原因

④ インターネット回線をつなぐ電力に関する原因

などが考えられます。まずはこれらのどの原因によりインターネットにつながらなかったのか、明らかにしましょう。その上で、つながらない原因となっている内容に関する業者を呼び、対応をしてもらうこととなります。原因となった内容がインターネットの接続に関する機器の故障の場合は、機材の一部、若しくは全ての交換が必要となる場合もあります。

2　原因となった内容に関連する契約内容や補償について確認

　(1)　パソコンやインターネットの接続に関する機器による原因の場合

　インターネットに接続できなかった原因の内容に関する補償については、機器の保証期間によっても変わります。たとえ保証期間内だったとしても、機器の無料交換に応じることはありますが、業務に対する補償については、補償内容に含まれておらず、補償されないことが多いのが実情です。

　(2)　インターネットプロバイダ（通信会社）が原因の場合や停電等による電力会社が原因の場合

　携帯電話会社やインターネットプロバイダ等、インターネット回線

第6章　その他のトラブル　253

の利用について、通信サービスを受けている場合は、その通信サービス会社の提示した「契約約款」等により記された内容に同意して契約を結び、利用することとなります。したがって、補償をどれくらいしてもらえるのか、損害賠償をどのくらい請求できるかも、その契約約款によることとなります。契約約款の内容にもよりますが、賠償されるのは極めて限定的な場合に限られていることが多く、単につながりにくいとか、利用しづらい程度では、賠償されないとなっていることがよく見られます。もし、契約約款により賠償の対象となる場合、その賠償額は契約約款の内容のとおりとなります。これは、民法420条において、当事者は、債務の不履行について損害賠償の額を予定することができることが規定されており、その内容に基づく対応となります。そのため、通信障害でインターネットがつながらず、国民健康保険団体連合会に介護保険レセプトデータが提出できなかったことにより莫大な損害が生じたとしても、その損害の全部が認められるわけではないということになります。このような規定がなければ、利用者が重要な仕事を取り損ねた場合などに、多額の損害賠償責任を負うリスクがあり、企業として賠償リスクをあらかじめ利用料金に反映せざるを得なくなるなど、利用する側にもデメリットが発生することにもなりかねないので、「損害賠償の予定」の規定にも、一定の合理性が認められていることとなります。ただし、インターネットプロバイダ等に「故意又は重大な過失」がある場合には、損害賠償額を制限する規定が適用されない場合もあり得ます。

　電力会社においても同様で、契約約款等でどのような場合を責任事項とするのかが決められており、その内容に基づく損害賠償となります。そのため、電力会社に故意又は重大な過失がある場合等により損

害賠償が請求できる場合もありますが、それ以外は難しいかと考えます。

3　インターネット接続に関するトラブルに対応する対策の整備

(1)　対策例

　インターネット接続に関するトラブルにおいて、何が原因でつながらないのかは、知識がないと停電等以外ではなかなか分からないことも多く、また、近くの電気店にお願いしてもなかなか来てもらえなかったり、高額な金額になってしまったりします。もしものときに備えた対策としては、これらパソコンや機器、インターネット接続等に関する保守契約を結ぶことが一つの対策となります。保守先に連絡することにより、事業所へ出向いて保守及び修理をしてくれるサービスとなりますので、インターネット接続ができない理由となり得る機器の故障等の確認・対応をしてくれます。しかしながら、停電やインターネットプロバイダが原因で回線がつながらない場合は、対応できません。回線のトラブルに対する対策としては、インターネット回線に関する契約を複数することが考えられます。インターネット回線のほかに、高速データ通信が可能なモバイル通信を使用するなど、複数の手段を持つことで、一つの回線がつながらなくなった場合でも、別の回線を使用してインターネットに通じた業務ができるよう対策をしている場合もありますが、国民健康保険団体連合会への伝送の場合は、接続に関する手続等も確認する必要があります。停電により、パソコンの電源が切れ、それまでしていた業務のデータが失われてしまう場合もありますので、停電などによって電力が断たれた場合にも電力を供給し続ける無停電電源装置の設置なども対策として検討するとよいでしょう。

第6章　その他のトラブル

(2)　インターネットによる提出が難しい場合

　インターネットの回線等の不具合により、伝送が難しい場合には、フロッピーディスクやCD媒体等、手渡しによる国民健康保険団体連合会へのデータ提出について相談しましょう。

第6章　その他のトラブル

64　契約書の内容や在り方について、家族が納得せず、契約が進まない

　先日、新しい利用者を担当することとなり、利用者・家族に対して居宅介護支援について説明し、その上で重要事項説明書及び契約書について説明・同意を得ようとしたところ、重要事項説明書及び契約書の内容、在り方について、家族から「書かれている内容が契約書としては足りない」「製本されていない契約書は無効だ」「代理人がなぜ必要なのか」など不満や指摘があり、契約をしてもらえませんでした。支援は受けたいが、重要事項説明書及び契約書の内容等が納得いかないと言われます。重要事項説明書及び契約書の内容はどのようにすればよいのでしょうか。

対応のポイント

①　契約書に求められる事項を理解して契約書の作成及び契約をしましょう。
②　介護保険法を踏まえ、重要事項説明書及び契約書に必要な事項が盛り込まれて作成されているかどうか確認しましょう。
③　契約を行う利用者及び家族との信頼関係の構築に努めましょう。

解　説

1　一般的な契約に必要な事項
　(1)　契約とは
当事者の申込みと承諾という意思表示の合致によって成立する法律

行為のことを契約といいます。単なる約束とは違い、法律効果を生じさせるものとなります。民法では、贈与、売買、交換、消費貸借、使用貸借、賃貸借、雇用、請負、委任、寄託、組合、終身定期金、和解の13種の契約（典型契約）が規定されていますが、これ以外の契約（非典型契約）もあります。契約は、原則として、口頭でも成立しますので、当事者間で話がまとまれば、契約は成立したということになります。つまり、契約書を作らなければ契約が成立しないというわけではありません。しかし、口約束だけでは後日に言った、言わないといった紛争となるおそれがあります。そうならないようにするために、また、お互いの信頼関係をその後も維持していくために、お互いに納得のできる契約書を作成し、契約を締結したことの証拠とすることが求められます。契約書を作成しておくということは、契約を締結したことの証拠となり、後日の紛争の最小限化にもつながります。

(2) 契約に必要とされる項目（例）

一般的に契約書に必要とされている項目は、「契約書の題名」「前文」「本文」「後文」「契約日付」「署名押印欄」です。以上の項目が満たされていればまず問題ないと思いますが、契約の性質によってはこれら以上の項目が求められることもあります。一般的に前文等に書くべき内容は、誰と誰の契約か、何についてのものか、何を目的にするのか、何通契約書を作るのか、ということを記載します。しかしこれも、一般慣習なので、ここで書かなければ法的に効力がなくなるということではありません。

(3) 契約書等における訂正の方法

一般的に契約書の内容を訂正するときは、訂正の内容によって訂正方法が異なりますが、訂正箇所に二重線を引き、訂正内容を近くの空白に書き加え、契約当事者が訂正箇所の付近に署名押印と同じ印鑑で

押印することになります。

(4) 契約書等における契印と割印の違い

契約書の袋とじには契印（けいいん）を押すという慣例があります。契印とは、袋とじにしたときの背中の紙と契約書の間に押す印鑑のことで、契約書の改ざんを防止するという役割を持っています。場所は裏表紙なのですが、もしも袋とじをしていない場合はページを見開いたときの中心にも契印を押します。「契印」も「割印」も、その契約書に改ざんがないかを証明する印鑑ですが、用途が違います。割印は複数の契約書が同一であることを証明する手続で、契印は一つの契約書の内容が改ざんされていないことを証明する手続となります。契約書が複数ページになったときにページの継ぎ目ごとに押していく場合は「契印」となり、書類が2部になる場合などに、同一のもの又は関連する書類であることを証明するために「割印」となります。割印は、契約締結後に一方の当事者が勝手に契約内容を変更してしまうことを防ぐ効果があり、互いに合意した時点から変更がなされていないことの証明になります。契約書を袋とじにしても、ステープラーで留めているだけだったとしても、改ざんのリスクを抑えるために契印を押しているわけですので、契約書としての効力について変わりはなく、もしも契印を押さなかったとしても、契約には影響はありません。

2　介護保険法において求められること

介護保険における重要事項説明書及び契約書について、居宅介護支援事業運営基準4条1項では、重要事項説明について義務付けられていますが、契約書については規定されていません。ただし、トラブル回避等のため、契約書を作成するのが一般的であり、居宅介護支援においても、「居宅介護支援の提供を開始するに当たっては、利用申込者、事業者双方を保護する観点から、書面（契約書等）により、内容を確

第6章 その他のトラブル　　259

認することが望ましい。」（神奈川県高齢福祉課「平成29年度　指定介護保険
事業者のための運営の手引き　居宅介護支援」より引用）としていることが多
く見られます。

　重要事項説明書の内容においては、各都道府県及び保険者における
集団指導等において、示している場合が多く見られます。神奈川県に
おいては以下のようにしていますが、各都道府県及び保険者の指導に
基づいて記載内容を確認、検討することが求められます（神奈川県高齢
福祉課「平成29年度　指定介護保険事業者のための運営の手引き　居宅介護支
援」）。

　居宅介護支援の提供の開始に際しては、あらかじめ、利用申込者又は
その家族に対し、運営規程の概要など、サービスの選択に資すると認め
られる重要事項を記載した文書を交付して説明を行い、サービス提供開
始に係る同意を得なければなりません。
　重要事項を記載した文書（＝重要事項説明書）に記載していなければ
ならないことは、
ア　法人、事業所の概要（法人名、事業所名、事業者番号、併設サービ
　　スなど）
イ　営業日及び営業時間
ウ　指定居宅介護支援の提供方法、内容
エ　利用料その他費用の額
オ　従業者の勤務体制
カ　通常の事業の実施地域
キ　事故発生時の対応
ク　苦情処理の体制（事業所担当、市町村、国民健康保険団体連合会な
　　どの相談・苦情の窓口も記載）
ケ　その他利用申込者がサービスを選択するために必要な重要事項（研
　　修、秘密保持など）

※重要事項説明書を交付し、説明した際には、利用申込者又はその家族が重要事項説明書の交付を受けたこと、及びその内容の説明を受けたことを確認した旨の書面に、利用申込者又はその家族から署名又は記名・押印を得ることが望ましい。

（※）　重要事項説明書の内容と運営規程の内容に食い違いがないようにしてください。

3　継続的な信頼関係の構築のための取組

　重要事項説明書及び契約書については、利用者への説明と同意に基づくものであることが求められます。互いの信頼関係を契約後も維持していくために、文書をもって契約を締結したことの証拠として、契約書を作成します。内容に関して不備、あるいは疑義がある場合は利用者及び家族に懇切丁寧に説明し、その理解を得ることが大切になります。ケアマネジャーは内容についてよく理解するとともに、一般的な契約行為に必要な知識を持つことが重要となります。また、何か分からないことがあればいつでも説明するということ、また、契約内容の変更が生じた場合にも速やかに対応することが求められます。利用者及び家族にとっては、今後のケアマネジメントをお願いする契約となります。契約内容の理解と信頼を持って依頼がされるようにしていく必要があります。説明するに当たっては、事業所内で説明のロールプレイを行うなど、事前に準備をしましょう。

第6章　その他のトラブル　　261

65　身元引受人の要望と他の親族との意向が異なり、話が進まない

　複数の家族がいる利用者を担当しており、契約をする際に、家族の一人に身元引受人となっていただきました。その際、身元引受人である家族より、「他の家族に会わせないでほしい」と依頼がありましたが、ある時、別の家族から利用者に会いたいという連絡がありました。身元引受人である家族から「他の家族に会わせないでほしい」と言われていることを伝えると、「家族なのに面会させないのはおかしい」と会うことを認めるよう強く求められてしまいました。このような場合は、身元引受人から会わせないように言われていても、身元引受人ではない家族を利用者に会わせた方がいいのでしょうか。

対応のポイント

① 　身元引受人の役割と身元保証人との違いについて理解し、説明しましょう。

② 　契約に基づくサービス提供であることを伝え、もし、身元引受人以外の家族が要望を通したい場合については、身元引受人の許可、若しくは身元引受人の変更をし、再度契約をした上でとなる旨を説明しましょう。

③ 　家族・親族間のトラブルについては、家族・親族間で解決した上で身元引受人が誰になるのかを報告してもらうようにしましょう。

解　説

1　身元引受人の役割

　身元引受人とはどのような役割があり、身元保証人とどのような違いがあるのかを理解することが大切です。

　(1)　身元引受人とは

　身元引受人とは、法律上の定義があるわけではありません。高齢者医療・福祉に関する場合では、一般的に、病院や高齢者の介護施設等への入院・入所に当たり、本人に代わって本人の所持品を預かったり、緊急連絡先として登録しておいたり、治療・手術方針について確認・本人に代わる意向表示をしたり、救急搬送や医療ケアが必要になった際の医療同意をしたり、介護保険における要介護認定申請等、役所関係の書類手配をしたり、本人が死亡した際には身柄を引き取ったり、部屋の退去手続をしたりする人を指します。

　(2)　身元引受人と身元保証人の違い

　身元引受人は、上記のように、その人を責任を持って引き受けるということを約束するものであり、福祉や医療の場合は、サービス提供側等との連絡・相談窓口としての役割を果たすことが求められますが、通常、道義的な責任のみで、特段の法的責任は発生しません。

　それに対し、身元保証人は、就職等の際、会社に損害を与えるなどしたときにその損害を賠償する責任を負うなどするものです。身元保証人は、対象者が意図的に会社に損害を生じさせたような事情があるときには、その損害の賠償について保証責任を負うことがあります。高齢者福祉や介護の場合においても、身元保証人には身元引受人の役割に加えて、支払に関する責務も課せられます。

　最近では、身元引受人にも金銭負担を課している施設があります。そういった場合には、契約書において、どのように記載されているの

第6章　その他のトラブル　263

かを確認するようにしましょう。

(3)　身元引受人と成年後見人の違い

　高齢者施設では、成年後見人が選任されていれば、身元引受人がいなくてもよいという取扱いをしているところもあります。身元引受人の場合、法律上の規定はなく、入居希望者が自ら選定することが可能で、法律上の財産管理権はありません。また、高齢者施設等における入居契約において緊急時の対応や死亡後の残置物撤去義務が定められていたりします。それに対し、成年後見人は、民法において定められた法律上の制度であり、後見開始の審判の申立てに基づき家庭裁判所により選任が行われ、法律上の財産管理権が与えられ、法定代理人となります（民8）。また、死亡と同時に後見は終了するため、原則として死亡後の諸手続はできないことになります（なお、**事例66**参照）。

2　契約に基づくサービスであることによる身元引受人の役割

　高齢者施設によって異なりますが、身元引受人を求めている所と、身元保証人を求めている所があります。契約書や申込書にある記載を見ると、どちらを要求しているのか確認できます。介護保険におけるサービスは、契約に基づくサービスとなります。そこで、最終的には本人自身がどのようなサービスを望んでいるのか、ということが一番大切になります。しかし、本人に何かあった場合には、本人自身に意思確認をすることができなくなることもあります。実務上、そのような場合、身元引受人に判断能力が不十分な本人の代行的な役割を担ってもらい、サービスを提供するということが行われています。本人が信頼している親族に身元引受人を依頼しているのであれば、身元引受人が本人のために本人の意向に沿った形でサービス提供についての意見を述べることが多いと思われ、身元引受人に確認してサービスを提供することにも一定の合理性があると思われます。

3　家族間のトラブルに対するケアマネジャーとしての対応

　家族が複数いる場合であっても、それら家族の意向が皆同じであれば、身元引受人の意向を確認することだけでも問題はないでしょう。しかし、時には、家族間において本人の支援のあり方について意向が対立することもあります。本人に判断能力が残っているのであれば、本人に意向確認をして、それに従って支援をするということもできますが、本人の意思を全く確認できない場合、身元引受人を担っている家族のみの意向で対応することにはリスクもあります。なぜなら、身元引受人には、法律上、本人の代理権があるわけではなく、また、身元引受人が必ずしも常に本人の意思を代弁しているとは限らないからです。

　この事例の場合、本人が元気な時から、「身元引受人以外の家族とは一切会いたくない」という意向をはっきりと示していたのであれば、そのような対応をすることもできるかもしれませんが、かねてから、本人は身元引受人以外の家族と面会をしていたとか、本人が身元引受人以外の家族との面会を拒んでいる状況にはなかった場合などは、身元引受人が本人の意向とは無関係に面会制限を望んでいるということも考えられます。家族間のトラブルについては、ケアマネジャーでは把握できない事情や理由があることも少なくありません。ケアマネジャーとしては、家族間のトラブルに介入するのではなく、契約に基づくサービス提供であるという原則に基づき、契約者の意向に沿って対応することが求められることから、家族間で意向が異なる場合には家族間で話し合ってもらい、何が本人の意向なのかを調整してもらう必要があります。家族間でサービス提供の在り方について調整がつかないのであれば、法的な代理人である成年後見人を正式に選任してもらう必要もあるでしょう。

第6章　その他のトラブル

アドバイス

　介護保険施設において、身元保証人等がいないと入院・入所を認めない施設が一部に存在するとの指摘がありますが、この点において、介護保険施設に関する法令上は身元保証人等を求める規定はありません。また、各施設の基準省令において、正当な理由なくサービスの提供を拒否することはできないこととされており、入院・入所希望者に身元保証人等がいないことは、サービス提供を拒否する正当な理由には該当しないこととされています（平30・8・30老高発0830第1・老振発0830第2）が、実際の支援においては、本人の意向の確認が困難な場合、誰の意向に基づく支援とするのかを明らかにしていくことが求められます。

　また、入所契約時の身元引受人がその役割を果たすことについて、特に問題は生じていないかどうかも常に確認しておくようにしましょう。

266　　第6章　その他のトラブル

66　担当している利用者が亡くなった後に家財整理等を成年後見人にお願いしたら断られた

　身寄りがなく、一人暮らしで、認知症の症状があり、適切な判断が難しいことから、成年後見人がいる利用者を担当していました。先日、その方が亡くなり、手続等を進めていく中で、その利用者の家財整理を成年後見人の方にお願いしたら「お亡くなりになったから」という理由で断られてしまいました。家財整理等は成年後見人の方に行ってもらえないのでしょうか。もし、成年後見人に行ってもらえない場合は、どのような対応が考えられるのでしょうか。

対応のポイント

①　家財整理まで確実に成年後見人に行ってもらうことは難しいでしょう。

②　「成年後見の事務の円滑化を図るための民法及び家事事件手続法の一部を改正する法律」（平成28年法律27号）が施行されたことにより、本人死後、成年後見人が郵便物を受け取ることができるなど、成年被後見人の死亡後にも行うことができる事務（死後事務）の内容及びその手続が明確化されました。死後事務について成年後見人がどこまで対応できるのか確認しましょう。

③　家財整理は、専門業者に依頼することができます。費用が発生しますので成年後見人と相談して対応しましょう。

解　説

1　成年後見における死後事務について

成年後見人が家財整理を行うことは難しいと思われます。ただし、

「成年後見の事務の円滑化を図るための民法及び家事事件手続法の一部を改正する法律」が平成28年10月13日に施行されたことにより、
① 　成年後見人が家庭裁判所の審判を得て成年被後見人宛郵便物の転送を受けることができるようになった（民860の2・860の3）
② 　成年後見人が成年被後見人の死亡後にも行うことができる事務（死後事務）の内容及びその手続が明確になった（民873の2）
という点が変わりました。

　成年被後見人が死亡すると成年後見は当然ですが終了します。よって原則として法定代理権等の権限を喪失します（民111①・653一参照）。

　しかし、実務上、成年後見人は、成年被後見人の死亡後も一定の事務（死後事務）を行うことを周囲から期待されて、社会通念上これを拒むことが困難な場合があるとされています。

　成年後見終了後の事務については、従前から応急処分（民874において準用する民654）等の規定が存在したものの、これにより成年後見人が行うことができる事務の範囲が必ずしも明確でなかったため、実務上、成年後見人が対応に苦慮する場合があるとの指摘がされていました。

　そこで成年後見人は成年被後見人の死亡後にも、個々の相続財産の保存に必要な行為、弁済期が到来した債務の弁済、火葬又は埋葬に関する契約の締結等といった一定の範囲の事務を行うことができることとされ、その要件が明確にされました。

　成年後見人が行うことができるとされた死後事務は、以下の三つです。
① 　個々の相続財産の保存に必要な行為（民873の2一）
　　相続財産に属する債権について時効の完成が間近に迫っている場合に行う時効の中断（債務者に対する請求（民147一））
② 　弁済期が到来した債務の弁済（民873の2二）
　　成年被後見人の医療費、入院費及び公共料金等の支払

③　その死体の火葬又は埋葬に関する契約の締結その他相続財産全体の保存に必要な行為（①、②に当たる行為を除きます。）（民873の2三）
　　・遺体の火葬に関する契約の締結
　　・成年後見人が管理していた成年被後見人所有に係る動産の寄託契約の締結（トランクルームの利用契約など）
　　・成年被後見人の居室に関する電気・ガス・水道等供給契約の解約
　　・債務を弁済するための預貯金（成年被後見人名義口座）の払戻し
　成年後見人が上記①～③の死後事務を行うためには、
㋐　成年後見人が当該事務を行う必要があること
㋑　本人の相続人が相続財産を管理することができる状態に至っていないこと
㋒　成年後見人が当該事務を行うことにつき、本人の相続人の意思に反することが明らかな場合でないこと
という各要件を満たしている必要があります。
　また、上記③の死後事務（民873の2三）を行う場合には、上記の要件に加えて
㋓　家庭裁判所の許可
も必要となります（法務省ホームページ（http://www.moj.go.jp/MINJI/minji07_00196.html（2019.8.1）））。

2　その他の家財整理等について

　遺品整理や片付けを担う専門の業者に頼むことができます。行政への届出、ライフラインの停止の手続や、葬儀場の手配など、死後に必要な様々な支援を担ってくれる団体もあります。日頃から地域にそのような社会資源があるか把握しておきましょう。

第6章　その他のトラブル　　　269

67　亡くなった後に家族から相続で必要だからと担当していた時の書類提出や裁判への協力を求められた

　担当していた利用者が亡くなった後に家族から連絡がありました。「相続について、親族で今裁判をしている。あなたが担当していた時の書類を裁判で使用したいので協力してくれないか」「裁判で、本人の様子や家族の介護状況など証言してもらえないか」などの依頼があり、どこまで協力してよいのか分かりません。このような場合、協力する必要があるのでしょうか。また、協力する場合、どこまで協力する必要があるのでしょうか。

対応のポイント

① 　この事例では担当している利用者が亡くなっていることから、利用者との契約は既に終了していますので、家族からの協力依頼に応じる義務は生じません。
② 　裁判所からの依頼であれば状況は変わります。裁判所から証人として呼び出された場合は、正当な理由がない限り応じなければなりません。

解　説

1　契約の範囲

　個人情報保護法では、本人から当該本人が識別される保有個人データの開示を求められた時には、当該保有個人データを開示しなければ

ならないとされています（個人情報28）。

　しかし、それは「生存する個人」に関する情報ですので（個人情報2）、本人が亡くなった場合の情報は対象外となります。

　また、ケアマネジャーの所属する事業所と利用者は介護保険の利用に関する契約を結んでいますが、通常は、契約条文の中に、利用者が死亡した場合、契約を終了するという条項が記載されていることが多く、その場合には、利用者が亡くなると契約に基づく開示請求ということもできなくなります。利用者と事業所との間で交わされる契約書の中で、記録の開示の条項が定められている場合には、その条項にのっとって、相続人からの記録の開示請求に対して対応することになります。

2　証人義務

　この事例は家族からの依頼であったため、協力依頼に応じる義務は生じませんが、裁判所からの要請であれば状況は変わります。

　民事訴訟法190条には「裁判所は、特別の定めがある場合を除き、何人でも証人として尋問することができる。」と決められています。裁判所から要請があった場合には出頭義務、宣誓義務、供述義務といういわゆる証人義務があります。証人義務は公法上の一般的義務でありますから、正当な理由がない限り断ることはできないと考えてよいでしょう。民事訴訟法198条にもありますが、理由がありどうしても証言したくない場合、証言拒絶の理由を説明することが必要となります。裁判所は証言の拒絶が正当か否かを判断することになります。

　裁判所が証言の拒絶理由を「否」とした場合、それでも証言を拒否するようなことがあれば勾引（こういん）して出頭させることができます（民訴194）。

　また、居宅介護支援事業運営基準29条2項で、居宅介護支援事業所が

記録を完結の日から2年間保存しなければならないことが定められています。保存しておかなければならない記録等は以下のとおりです。

① 居宅介護支援事業運営基準13条13号（※1）に規定する指定居宅サービス事業者等との連絡調整に関する記録

（※1） 居宅介護支援事業運営基準13条13号

　　　　介護支援専門員は、居宅サービス計画の作成後、居宅サービス計画の実施状況の把握（利用者についての継続的なアセスメントを含む。）を行い、必要に応じて居宅サービス計画の変更、指定居宅サービス事業者等との連絡調整その他の便宜の提供を行うものとする。

② 個々の利用者ごとに次に掲げる事項を記載した居宅介護支援台帳

　㋐ 居宅サービス計画

　㋑ 居宅介護支援事業運営基準13条7号（※2）に規定するアセスメントの結果の記録

　㋒ 居宅介護支援事業運営基準13条9号（※3）に規定するサービス担当者会議等の記録

　㋓ 居宅介護支援事業運営基準13条14号（※4）に規定するモニタリングの結果の記録

（※2） 居宅介護支援事業運営基準13条7号

　　　　介護支援専門員は、前号（居宅介護支援事業運営基準13条6号）に規定する解決すべき課題の把握（以下「アセスメント」という。）に当たっては、利用者の居宅を訪問し、利用者及びその家族に面接して行わなければならない。この場合において、介護支援専門員は、面接の趣旨を利用者及びその家族に対して十分に説明し、理解を得なければならない。

（※3） 居宅介護支援事業運営基準13条9号

　　　　介護支援専門員は、サービス担当者会議（介護支援専門員が居宅サービス計画の作成のために、利用者及びその家族の参加を基本としつつ、居宅サービス計画の原案に位置付けた指定居宅サービス等の担当者(以下この条において「担当者」という。)

を召集して行う会議をいう。以下同じ。）の開催により、利用者の状況等に関する情報を担当者と共有するとともに、当該居宅サービス計画の原案の内容について、担当者から、専門的な見地からの意見を求めるものとする。ただし、利用者（末期の悪性腫瘍の患者に限る。）の心身の状況等により、主治の医師又は歯科医師（以下この条において「主治の医師等」という。）の意見を勘案して必要と認める場合その他のやむを得ない理由がある場合については、担当者に対する照会等により意見を求めることができるものとする。

（※4）　居宅介護支援事業運営基準13条14号

　　　　介護支援専門員は、第13号に規定する実施状況の把握（以下「モニタリング」という。）に当たっては、利用者及びその家族、指定居宅サービス事業者等との連絡を継続的に行うこととし、特段の事情のない限り、次に定めるところにより行わなければならない。

　　ⓐ　少なくとも1月に1回、利用者の居宅を訪問し、利用者に面接すること。

　　ⓑ　少なくとも1月に1回、モニタリングの結果を記録すること。

③　居宅介護支援事業運営基準16条（※5）に規定する市町村への通知に係る記録

（※5）　居宅介護支援事業運営基準16条

　　　　指定居宅介護支援事業者は、指定居宅介護支援を受けている利用者が次のいずれかに該当する場合は、遅滞なく、意見を付してその旨を市町村に通知しなければならない。

　　ⓐ　正当な理由なしに介護給付等対象サービスの利用に関する指示に従わないこと等により、要介護状態の程度を増進させたと認められるとき。

　　ⓑ　偽りその他不正の行為によって保険給付の支給を受け、又は受けようとしたとき。

④　居宅介護支援事業運営基準26条2項（※6）に規定する苦情の内容等の記録

第6章　その他のトラブル　　273

（※6）　居宅介護支援事業運営基準26条2項
　　　　指定居宅介護支援事業者は、前項（居宅介護支援事業運営基
　　準26条1項）の苦情を受け付けた場合は、当該苦情の内容等を記
　　録しなければならない。
⑤　居宅介護支援事業運営基準27条2項（※7）に規定する事故の状況及
　び事故に際して採った処置についての記録
（※7）　居宅介護支援事業運営基準27条2項
　　　　指定居宅介護支援事業者は、前項（居宅介護支援事業運営基
　　準27条1項）の事故の状況及び事故に際して採った処置につい
　　て記録しなければならない。

アドバイス

　条例によって保存期間が完結の日から5年間としている自治体もあり
ますので各自治体にご確認ください。

274　　第6章　その他のトラブル

68　内縁関係という理由により、入院時等の書類手続が進まない

　　内縁関係の方と同居し、二人で暮らしている利用者を担当しています。ある時、利用者が体調を崩してしまい、入院となってしまいました。病院からは「手術が必要」と言われ、手術の同意書へのサインを同居している内縁関係の方にお願いしたら、病院から「内縁関係の方だと家族ではないから」と断られてしまいました。内縁関係の方は同意書にサインはできないのでしょうか。このような場合は、どのように対応する方法があるのでしょうか。

対応のポイント

①　内縁関係にある方が手術の同意をするということは一般的には認められません。
②　ただし、同意がないからといって医師は診療を拒否することはできません。
③　単身者あるいは内縁関係しかない方を担当した際には、まずは市町村の担当者の協力を仰ぎながら親族関係を当たりましょう。

解　説

1　内縁関係の方による医療同意

　手術における同意書は施術内容の説明があったこと、その内容で行

第6章　その他のトラブル　　275

うことに同意したという事実の確認として、意味があります。また、同意書にないことを行ったり、説明を受けていないという争いを生じさせたりしないためにも意味があります。内縁関係にある方が手術の同意をするということは一般的には認められません。本人の重要な権利に関する決定については、法律上の配偶者等の親族（民725）が行うことになります。

　「「精神保健及び精神障害者福祉に関する法律の一部を改正する法律等の施行に伴うＱ＆Ａ」の送付について」（平26・3・20事務連絡）の中で「2. 医療保護入院の同意に関する運用関係」「問2−2　配偶者に内縁関係者は含まれないのか。」の問いに対して「（答）お見込みのとおり。」という回答があり、精神保健及び精神障害者福祉に関する法律においても内縁関係である場合は認められないという取扱いになっています。

　入院については、「身元保証人等がいないことのみを理由に医療機関において入院を拒否することについて」（平30・4・27医政医発0427第3）の中で、「医師法（昭和23年法律第201号）第19条第1項において、「診療に従事する医師は、診察治療の求があった場合には、正当な事由がなければ、これを拒んではならない。」と定めている。ここにいう「正当な事由」とは、医師の不在又は病気等により事実上診療が不可能な場合に限られるのであって、入院による加療が必要であるにもかかわらず、入院に際し、身元保証人等がいないことのみを理由に、医師が患者の入院を拒否することは、医師法第19条第1項に抵触する。」としています。つまり、身元保証人の不在は入院させない理由とならないということです。

2　家族、親族等の確認

　担当したケアマネジャーとしては実際に家族、親族等がいないのか、

確認が必要となります。できる範囲の中で探しておくとともに、市町村の相談窓口にも相談してみることも必要でしょう。

アドバイス

　なかなか家族、親族等が見つからない場合は、NPO法人や民間が行っている身元保証サービスを利用することもできますが、大半が有料で金額も様々であり、手術や入院時における医療同意を行うことはできません。近年では、身寄りのない単身生活者も増えています。ケアマネジャーは、このような利用者に対する支援の方法について、日頃から身に付けておく必要があるでしょう。

第6章　その他のトラブル　　　277

69　傷害事件を起こして留置所にいる一人暮らしの利用者への対応を、警察から求められた

　一人暮らしの利用者が傷害事件を起こしてしまい、警察署に留置されました。警察署からは、内服薬を届けるように依頼され、ケアマネジャーが届けました。その際、利用者に関する個人情報や普段の様子をいろいろ聴取され、その上、それらの内容をまとめた書類に署名捺印までさせられました。このような場合は、どこまで対応することが求められるのでしょうか。ケアマネジャーは、いろいろ聞かれるだけでなく、その内容の書類への署名捺印までしなければならないのでしょうか。身寄りがなく、成年後見人を立てていない場合は、仕方がないことなのでしょうか。

対応のポイント

① 　警察に対しては、利用者本人の同意がなくても、個人情報の提供は可能です。
② 　ただし、情報提供の協力は任意となります。
③ 　警察への協力などは事前に市町村や事業所の管理者等と情報提供の原則を決めておくとよいでしょう。

解　説

1　個人情報の提供について
　個人情報を第三者に提供するに当たり、個人情報保護法23条で「個

人情報取扱事業者は、次に掲げる場合を除くほか、あらかじめ本人の同意を得ないで、個人データを第三者に提供してはならない。」として制限されています。ただし、文中に「次に掲げる場合を除く」とあり、その内容は以下のとおりです。

① 法令に基づく場合

② 人の生命、身体又は財産の保護のために必要がある場合であって、本人の同意を得ることが困難であるとき

③ 公衆衛生の向上又は児童の健全な育成の推進のために特に必要がある場合であって、本人の同意を得ることが困難であるとき

④ 国の機関若しくは地方公共団体又はその委託を受けた者が法令の定める事務を遂行することに対して協力する必要がある場合であって、本人の同意を得ることにより当該事務の遂行に支障を及ぼすおそれがあるとき

この事例の場合、警察への個人情報の提供は刑事訴訟法197条2項が適用されることから①の法令に基づく場合に当たると、神奈川県の個人情報保護ポータルサイト（http://www.pref.kanagawa.jp/docs/h3e/cnt/f162/p724095.html（2019.8.1））では案内されています。

2 任意での個人情報の提供について

一方で刑事訴訟法197条は「任意捜査の原則」であり、警察への情報提供を拒否したからといって罰則はありません。

利用者から、任意なのになぜ許可なく個人情報を提供したのかと問われた際に答えに窮する可能性もあります。個人情報の提供は、事前に市町村に相談して事業所内の情報提供の原則を決めておいた上で、事業所の管理者等に相談し、対応しましょう。

事例でわかる
ケアマネジャーのトラブル対応の手引

令和元年９月９日　初版発行

編　集　一般社団法人
　　　　神奈川県介護支援専門員協会
発行者　新日本法規出版株式会社
　　　　代表者　星　　謙一郎

発 行 所　新日本法規出版株式会社
本　　社　(460-8455)　名古屋市中区栄１－23－20
総轄本部　　　　　　　電話　代表　052(211)1525
東京本社　(162-8407)　東京都新宿区市谷砂土原町２－６
　　　　　　　　　　　電話　代表　03(3269)2220
支　　社　札幌・仙台・東京・関東・名古屋・大阪・広島
　　　　　高松・福岡
ホームページ　https://www.sn-hoki.co.jp/

※本書の無断転載・複製は、著作権法上の例外を除き禁じられています。
※落丁・乱丁本はお取替えします。　　　　ISBN978-4-7882-8607-8
5100078　ケアマネトラブル
　　ⒸⒸ一般社団法人 神奈川県介護支援専門員協会 2019 Printed in Japan